Rudolf Mack
Dieter Volpert

Der Mann aus Nazareth – Jesus Christus

Oberstufe Religion
Herausgegeben von Eckhart Marggraf und Eberhard Röhm
Lehrerheft 7

Calwer Verlag Stuttgart

Der Calwer Verlag ist Mitglied beim Verlagsring
Religionsunterricht (VRU)

ISBN 3-7668-0689-0

3., völlig neu bearbeitete Auflage 1993

Umschlag: Hans-Eduard Franke, Stuttgart
Satz: Ulrich Brand, Hamburg
Druck: Offizin Chr. Scheufele, Stuttgart
Verarbeitung: Buchbinderei Weber, Plüderhausen

Inhalt

Einführung

Sachliche Hinweise, Exkurse, Didaktische Hinweise und Literatur

Einführung

1. Das Thema »Jesus Christus« im Unterricht

Über ein Jahrzehnt ist seit der ersten Auflage des Jesusheftes in der Reihe *Oberstufe Religion* vergangen. Viele Religionslehrerinnen und -lehrer, die das Thema »Jesus Christus« in den letzten Jahren in der Oberstufe behandelt haben, berichten, daß sich wesentliche Voraussetzungen verändert haben: Was in der Fachwelt als »radikaler Traditionsabbruch« beschrieben und wissenschaftlich analysiert wird, erfahren Religionslehrerinnen und -lehrer *existentiell* im Unterricht. Der *»garstige* religionspädagogische *Graben«* wird von vielen beim Thema »Jesus« so erfahren: Das, was für mich selbst wichtig, notwendig und aktuell ist – Person und Verkündigung Jesu –, wirkt als Thema auf viele Schülerinnen und Schüler zunächst fremd, uninteressant und ohne Bezug zur heutigen Welt.
Wenn es stimmt, daß der Traditionsabbruch so radikal ist, wie die Analytiker darlegen (und vieles spricht dafür), dann können wir nur versuchen – im Vertrauen auf die tragende Kraft des Evangeliums –, in *kleinen* Schritten neue Wege der didaktischen Erschließung der Tradition zu erkunden, wobei auch hier (z.B. beim Einsatz von Film-Medien, vgl. Materialheft, S. 7ff.) der Grundsatz gelten sollte, daß *Qualität* Vorrang vor bloßer Aktualität haben muß und daß der »Kopf« nicht der einzige Zugang zur Tradition ist, sondern auch unser *Gefühl* und *Empfinden* wesentlich beteiligt sind.

2. Ziele

Wir haben versucht, Texte und Medien zur Jesus-Thematik vielgestaltig und offen vorzulegen, so daß sich mit dem Materialheft je nach Schüler- und Lehrervoraussetzungen unterschiedlich arbeiten läßt und Religionslehrerinnen und -lehrer gut *eigene* Materialien ergänzend einbringen können. Für *uns* stehen drei Ziele im Vordergrund: ein *existentielles*, ein *kulturelles* und ein *ethisches*:

1. Wir möchten Schülerinnen und Schüler anregen, *»Spuren«* des *Jesus von Nazareth* in unserer heutigen, vielgestaltigen Lebenswelt zu *entdecken* und die bewegende Kraft, die von seiner Person und Botschaft heute noch ausgeht, wahrzunehmen. Wir möchten sie anregen, sich mit der Botschaft Jesu *auseinanderzusetzen.*
2. Wir möchten Schülerinnen und Schülern das *Wissen vermitteln*, daß unsere westliche Kultur nicht zu verstehen ist ohne die Gestalt des *biblischen Christus*; sie sollen die *prägende Kraft der christlichen Tradition* in der Geschichte exemplarisch aufzeigen können und ihre mögliche Bedeutung für die Gestaltung der *Zukunft* entwerfen.

3. Wir möchten Schülerinnen und Schüler von der Notwendigkeit eines *toleranten, ökumenischen und interkulturellen Dialogs* bei der Wahrnehmung von *Verantwortung* für eine gerechtere und friedlichere Welt überzeugen.

Besonderes Gewicht kommt bei allen genannten Zielen dem *christlich-jüdischen Dialog* zu (vgl. *Christen und Juden II. Zur theologischen Neuorientierung im Verhältnis zum Judentum. Eine Studie der Evangelischen Kirche in Deutschland, Gütersloh 1991, S. 61ff.*).
Zur Erreichung dieser Ziele ist eine *offene Gesprächsatmosphäre* förderlich, zu der sowohl das Streitgespräch und die präzise Arbeit am Text wie spielerische Freude bei einem biblischen Rollenspiel, kreative Erfahrungen beim Gestalten eines modernen Jesus-Bildes oder meditative Stille gehören *können*.

3. Kursplanung

Wir stellen vier alternative Kursplanungen vor:

3.1. Die offene Kursplanung

Hier bietet sich folgendes Verfahren an: Teilen Sie zu Beginn des Kurses ohne Kommentar die Materialhefte aus mit der Bitte, das Heft in Ruhe durchzublättern und *ein* Bild oder Foto auszusuchen, über das es sich lohnt zu sprechen. Die Schülerinnen und Schüler stellen danach ihre Bilder vor und begründen ihre Auswahl. Dieses Vorgehen ermöglicht es, die *echten* Schülerinteressen und -fragen zu erfahren. Aufgrund der Schülervoten kann eine *Themenliste* zusammengestellt und die Abfolge des Unterrichts gemeinsam geplant werden. Gegen Ende des Kurses werden die Ergebnisse mit den *Lehrplanvorgaben* (z.B. anhand des Inhaltsverzeichnisses des Materialheftes) verglichen, und eventuelle inhaltliche Defizite können nachgeholt werden.

3.2. Planung nach Lehrplan

Lernziele	*Inhalte des Materialheftes*
1. Unterschiedliche Deutungen der Person Jesu (z.B. in Kunst, Literatur, Film, Philosophie, außerchristlichen Religionen) kennen und beurteilen.	S. 3: Jesus im Alltag einer Großstadt; S. 6-7: »Jesus von Montreal«; S. 12: Jesus im Persönlichkeitstest – Geht das? S. 13, 40ff. Christusbilder in der Kunst; S. 20: Gandhi; LH S. 44f.: Jaspers, Bloch.
2. Inhalte der Verkündigung Jesu im Zusammenhang mit dem Judentum seiner Zeit verstehen und die Bedeutung seines Handelns und Leidens darstellen.	S. 4-5: Goldene Regel; S. 14-15: Jesusforschung; S. 16-17: Menschengruppen, denen sich Jesus besonders zuwandte; LH S. 37ff.; S. 18-19: Der Jude Jesus; christlich-jüdischer Dialog; S. 37: Antijudaismus im NT; LH S. 37f.; 63ff.; S. 36-39: Religiöse Gruppen z.Zt. Jesu; S. 21-25: Bergpredigt; S. 27-31: Reich Gottes; S. 33-35: Gleichnisse; LH S. 60; S. 40-43: Leiden, Sterben Jesu; S. 44-45: Auferstehung; LH S. 67ff..
3. Die Kontinuität von Jesu Verkündigung und Glaubensbekenntnis der Gemeinde zum auferstandenen Christus z.B. an christologischen Hoheitstiteln aufzeigen.	S. 8-11: Biblischer Christus – Historischer Jesus; S. 46-56: Würdetitel; christologische Modelle; frühchristliche Bekenntnisse.
4. Moderne Christusbekenntnisse als Ausdruck des Christusglaubens und heutigen Lebensverständnisses kennen.	S. 47: Gottessohn für mich; S. 50-51: Christusbekenntnisse heute; S. 7: Denys Arcand.
5. Die prägende Kraft der jüdisch-christlichen Tradition exemplarisch aufzeigen und ihren möglichen Beitrag für eine verantwortungsvolle Zukunft entwerfen.	S. 2-3: Die goldene Regel Jesu in der UNO; S. 18-19: »Eintracht zwischen den Christen und den Juden vermehrt die Liebe zum Nächsten...« (David Flusser); S. 33: Sinnvolles Leben, das Gute tun.

3.3. Die Kursplanung folgt dem Aufbau des Materialheftes

Eine weitere Möglichkeit besteht darin, bei der Kursplanung dem sachlogischen Aufbau des Materialheftes zu folgen. Da viele Bild-Text-Zuordnungen des Materialheftes mit Klassen besprochen und im Unterricht erprobt wurden und die Texte die wesentlichen Lehrplanvorgaben erfüllen, stellt diese Möglichkeit einen *Mittelweg* zwischen Alternative 1 und 2 (s.o.) dar.

3.4. Kursplanung, die vom Film »Jesus von Montreal« ausgeht

Um Kolleginnen und Kollegen die Entscheidung zu ermöglichen, ob sie den Film überhaupt einsetzen wollen, und wenn ja, ob sie ihn den Lernzielen 1/2 *zuordnen* oder den Film zum zentralen Medium der Kursplanung wählen wollen, möchten wir im folgenden eine *ausführliche Einführung in den Film* geben. Wir beziehen uns dabei auf eigene Unterrichtserfahrungen und auf den Unterrichtsvorschlag, den *M. Hartenstein / E. Röhm* in *entwurf 2/92* anhand unseres Filmprotokolls vorgestellt haben:
Der 1989 entstandene kanadisch-französische Kinofilm »Jesus von Montreal« von Denys Arcand (Drehbuch und Regie) erhielt im selben Jahr in Cannes den »Preis für den originellsten Film des Jahres«. 1990 wurde er vom kanadischen Filmverband für den Oscar nominiert. Das Besondere des Films liegt in dem Versuch einer Synthese zwischen dem traditionellen historisierenden Passionsspiel und dem modernen realistischen Spiel im Geist des »Evangeliums von unten«. Auf diese Weise fordert der Film den Zuschauer heraus, sich sowohl mit den biblischen Inhalten und Texten zu beschäftigen als auch sich der Frage zu stellen, wo Jesus heute gegenwärtig ist. Der Film spielt auf verschiedenen Ebenen:

Die Lebensebene
Ein junger talentierter Schauspieler, Daniel Coulombe, erhält den Auftrag, ein traditionelles Passionsspiel zu modernisieren, das Jahr um Jahr aufgeführt wurde und immer weniger Zuschauer anlockt. Coulombe sucht sich hierfür vier weitere Schauspieler. Die Gruppe beschäftigt sich mit der Person Jesu. Die jungen Schauspieler erleben mit ihrer gewagt modernisierten Aufführung einen Riesenerfolg. Daß sie allerdings die herrschende kirchliche Lehrmeinung über Jesus dabei mißachten, wird ihnen zum Verhängnis. Die Kirchenbehörde untersagt weitere Aufführungen. Als die Schauspieler trotzdem noch eine Aufführung in Angriff nehmen, greift während der Kreuzigungsszene die Polizei ein. Verärgerte Zuschauer werden handgreiflich. Im Tumult wird der Hauptdarsteller vom umstürzenden Holzkreuz lebensgefährlich verletzt. Er stirbt kurz darauf in einem jüdischen Krankenhaus. (Vgl. das Filmprotokoll.)

Die Passionsspielebene
Die »Passionsspielebene« ist in den Strang der »Lebensebene« kontinuierlich verwoben. (Vgl. Filmprotokoll.)

Die Ebene des Rollenwechsels
Auffallend im modernisierten Passionsspiel ist, daß die Schauspieler – abgesehen von der Gestalt Jesu – mehrmals ihre *Rollen* wechseln. Sie übernehmen verschiedene Rollen und

zusätzlich noch die des kommentierenden Sprechers. Die vom Filmautor geschaffene *Rollenebene* ist ein Gestaltungselement: Auf diese Weise werden die Schauspieler den biblischen Szenen immer gleichförmiger, bzw. umgekehrt vermählt sich die biblische »Wirklichkeit« immer mehr mit der Gegenwartswirklichkeit. Beispiele sind:

- Die arbeitslosen Schauspieler übernehmen, ehe sie in die »Nachfolge« gerufen werden, alle Aufträge, die man ihnen anbietet (Pornosynchronisation, Kommentarsprecher eines Wissenschaftsfilms, Sexfigur in einem Werbespot).
- In der Auseinandersetzung mit Pater Leclerc persiflieren die Schauspieler das alte Passionsspiel.
- Die Schauspieler übernehmen schließlich die Rolle Jesu bzw. der Jüngerinnen und Jünger.

Die Symbolebene

Auf den gesamten Filmablauf bezogen, kann man noch eine *vierte Ebene*, die *Symbolebene*, verfolgen. Symbole können Wirklichkeit näherbringen und erschließen. Die »Vergegenwärtigung« von Wahrheit, wie sie Glaubende durch die Jesusgestalt wahrnehmen, geschieht über Symbolhandlungen. Dies läßt sich mit dem Mittel des Spielfilms besonders gut zeigen. Insofern ist der Film »Jesus von Montreal« geradezu ein »Symbol-Lehrfilm«, in dem der Zuschauer das »Zusammenfallen« (symballein) jenseitiger Botschaften und diesseitiger Erfahrungen nacherleben kann. Durch die dem Film eigene Möglichkeit der Imagination nimmt der Betrachter an einem Weg wachsender Realitätsnähe teil. Genauer: Man kann den Weg der Hauptfigur Daniel Coulombe als den Weg der Annäherung an die Jesusgestalt, der Identifizierung während des Passionsspiels und schließlich der Übernahme des Schicksals Jesu im Alltag miterleben:

- Der Schauspieler Coulombe sucht seine Mitspieler in ähnlicher Weise aus, wie Jesus seine Jünger (Sz. 3-7). Symbol: Weg / Nachfolge.
- Die Übernahme der Rolle Jesu im Passionsspiel (Sz. 10). Symbol: Lebensopfer.
- Daniel führt eine moderne Tempelaustreibung in einem TV-Aufnahmestudio durch (Sz. 15). Symbol: Prophetengeist / Reinigung.
- Daniel Coulombe widersteht der »Versuchung« der Vermarktung seines Passionserfolgs (Sz. 17). Symbol: Äußerer und innerer Reichtum.
- Daniel wird wie Jesus angeklagt, verhaftet und stirbt einen scheinbar sinnlosen Tod (Sz. 20-22). Symbol: Sühnetod.
- Durch Organspenden kommt es zu einem »Auferweckungs- und Sehwunder« (Sz. 23, 24, 26). Symbol: Neues Herz / neues Sehen (neue Augen).

Didaktische Hinweise

Dem Filmprotokoll ist leicht zu entnehmen, wie vielfältig die Anregungen sind, die aus dem Film für anschließende Unterrichtsgespräche gewonnen werden können. Angesichts der Länge des Films (110 Min.) empfiehlt sich die spätere Wiederholung einzelner Sequenzen (evtl. nach den vier Abschnitten des Filmprotokolls).

1. Gespräch über Personen:

Die Schülerinnen und Schüler erhalten schon vor dem Betrachten des Films Arbeitsaufträge wie:

- Mit welcher Person kann ich mich identifizieren?

- Ich beobachte eine ganz bestimmte, mir zugeteilte Person und charakterisiere sie anschließend. Die Personen:
  Daniel Coulombe (Lothaire Bluteau): als Jesus.
  Martin (Remy Girard): läßt an Petrus denken.
  René (Robert Lepage): läßt an Johannes denken.
  Constance (Johanne-Marie Tremblay): läßt an Maria (Martha) denken.
  Mireille (Catherine Wilkening): läßt an Maria aus Magdala denken.
  Pater Leclerc (Gilles Pelletier): repräsentiert die Kirche zwischen Begeisterung und Resignation.

2. Gespräch über theologische Themen:
Beobachtungsaufgaben bzw. Aufgaben für anschließende Gruppengespräche:
- Nenne Situationen oder Zitate, die aus der Bibel stammen.
- Vergleiche diese mit dem biblischen Text.
- Auf welche Weise werden biblische Inhalte »übersetzt«? (Predigtartige Sentenzen, Spiel, Musik/Oratorium, »Übersetzung« ins Leben.)
- Welche unterschiedlichen theologischen Ansätze finden sich im Film? (Historisch-kritische Forschung, Theologie von unten, naiv-enthusiastische Gläubigkeit, Agnostiker.)

3. Gespräch über die unterschiedlichen Ebenen des Films / der Filmdramaturgie / der künstlerischen Absicht:
Den Schülern wird im voraus gesagt, der Film arbeite mit verschiedenen Ebenen, auf die sie achten sollen, um sie nachher benennen zu können:
- Welche Ebenen lassen sich entdecken?
- Was drückt der Künstler damit aus?
- Beschreibe die Dramaturgie im Verlauf des Films.
- Was beabsichtigt der Künstler vermutlich mit dem Film?
- Was läßt sich aus dem Film über den Künstler und seine theologische, politische Haltung sagen?

Aus einem Interview, das Denys Arcand am Rande des Film-Festivals von Cannes 1989 Franz Ulrich gegeben hat (© zoom Nr. 16/1989):

»Die Spannung zwischen der Zeit, da ich als Dreizehn-, Vierzehnjähriger ein Heiliger werden wollte, und meinem heutigen Leben als Cineast in einer kosmopolitischen Großstadt hat diesen Film ausgelöst.«

»Von allen weisen Worten, die im Verlauf der Geschichte gesagt und geschrieben worden sind, von Sokrates, Plato über Buddha bis Mohammed usw., sind die Worte Jesu für mich die wichtigsten, obwohl sie nicht sehr zahlreich sind. Wenn man die authentischen, von ihm selbst gesprochenen Worte, von den Theologen ›ipsissima verba‹ genannt, in den vier Evangelien zusammennimmt, ergeben sich etwa 25 Sätze. Das ist umfangmäßig nicht gerade viel, aber sie sind für mich die bedeutendsten der Menschheitsgeschichte. Heißt das nun gläubig oder nicht gläubig sein? Ich weiß es nicht. Diese Worte sind für mich jedenfalls wesentlich und werden mich bis zu meinem Tod begleiten. Nicht weil sie ›göttlich‹ sind – ich verstehe zwar sehr gut, daß man sie dafür halten kann. Mich als praktizierenden Katholiken zu bezeichnen, möchte ich aber doch lieber nicht. Für mich ist wichtig, daß ich in meinen Filmen von mir selbst spreche, von meinen Problemen, von meinem Verhältnis zur Religion, von meinen Konflikten. Der Anwalt im Film ... offeriert Daniel einen Exklusivvertrag und verspricht ihm, daß ihm mit seinem Talent die ganze Stadt zu Füßen liegen werde. Dieses Abenteuer erlebe ich ... Wenn man dieser Filmwelt angehört, ist man von Haien und reichen Händlern umgeben. Mit dieser Welt schlage ich mich herum. Und davon handelt die Parabel meines Films.«

Filmprotokoll

Verlauf	*Hinweise*
1 *Szene 1* Prolog: Szene aus Dostojewskis »Die Brüder Karamasow« (Das Ende Smerdjakows): Hat ein Leben ohne Gott Sinn? (6')	Ein von den Zuschauern bewunderter Schauspieler läßt die ihm widerfahrende Anerkennung nicht gelten. Er verweist wie Johannes der Täufer auf einen größeren, den er unter den Zuschauern entdeckt, Daniel Coulombe, die spätere Jesusgestalt. Mt 3,11 / Mk 1,7 / Lk 3,16
2 Während der Probe zu einem Kirchenkonzert (Pergolesi »Stabat mater«) trifft Daniel Coulombe, ein junger talentierter Schauspieler in Montreal, auf Pater Leclerc in dessen Kirche. Dieser gibt Daniel den Auftrag, das alljährlich stattfindende, schon etwas angestaubte Passionsspiel zu modernisieren und mit einer Schauspielgruppe eigener Wahl aufzuführen. (7') Daniel sieht sich das bisherige Passionsspiel in einer Videoaufzeichnung an, ehe er sich auf die Suche nach geeigneten Schauspielern macht. (8')	
3 Berufungen: Daniel gewinnt die Schauspielerin Constance, die er von früher her kennt. Sie arbeitet in einer kirchlichen Obdachlosenküche. (9') Den nächsten Schauspieler holt Daniel aus einem Studio, wo sich der arbeitslose Martin ein wenig Geld mit der Synchronisation von Pornofilmen verdient. (11')	»Ich komme, dich zu holen.« Deutlich biblische Sprache. Mk 1,14ff. (Szene 3-7: Symbol »Weg / Nachfolge«)

4

Auf der Suche nach dem wahren Jesus: Daniel läßt sich von einem Bibelwissenschaftler über die neuesten Erkenntnisse der historisch-kritischen Jesusforschung informieren. Er will der Wahrheit auf den Grund gehen. Anschließend arbeitet er in der Uni-Bibliothek von Montreal alle einschlägigen Werke über den historischen Jesus durch. Dabei begegnet ihm eine Bibliothekarin, die auf ihre Weise mit einem enthusiastisch-naiven Bekenntnis von Jesus Zeugnis ablegt. (14')

Der Bibelwissenschaftler vertritt die umstrittene These, Jesu Vater sei ein römischer Soldat namens »Pantera« gewesen, eine Schmählegende aus späterer Zeit. In bewußtem Kontrast dazu steht das »naive« fundamentalistische Bekenntnis der Jesusverehrerin.

5

In der Wohnung seiner früheren Freundin Constance, die er für das Passionsspiel gewonnen hat, trifft Daniel überraschend auf Pater Leclerc. Die beiden hatten gerade eine gemeinsame Nacht verbracht. Leclerc bringt nicht die Kraft auf, sich zu seiner intimen Beziehung auch öffentlich zu bekennen und die Konsequenzen daraus zu ziehen. (18')

Der Buchautor und Filmregisseur Denys Arcand stammt aus einem streng katholischen Elternhaus. Er versteht sich heute nicht mehr als praktizierender Katholik. Mit seinem Film übt er massive Kritik an einer heuchlerischen Kirche, die Jesus verrät.

6

Weitere *Jüngerberufungen*:
Daniel, Martin und Constance gehen in ein Tonstudio, wo der arbeitslose Schauspieler René gerade einen Film über den Beginn und das Ende des Universums synchronisiert. Kommentartext: »Unsere Erde hat ohne die Menschen begonnen, und sie wird ohne sie enden.«
Daniel will René für das Passionsspiel gewinnen. Dieser erklärt sich zur Mitarbeit nur unter der Bedingung bereit, daß er einen Monolog Hamlets innerhalb des Passionsspiels vortragen darf, was ihm dann auch gewährt wird. Außerdem will er erst den Rollentext studieren, ehe er sich endgültig entscheidet. (22')

7

Schließlich gewinnt die »Jüngerschar« noch Mireille, die sich mit Werbeaufnahmen über Wasser hält. Ihr Produzent Jerge ist ein frauenverachtender Sexist. (25')

Thema: Jesu unkomplizierte Nähe zu Frauen.

8 Bei einem großen Mahl verabreden sich die Schauspieler, in den Dienst des Passionsspiels zu treten. (28')	Jesu Mahlgemeinschaft mit seinen Jüngern. Diese Szene wiederholt sich am Ende des Films – dann allerdings im Freien, jedoch mit denselben Speisen. Mt 26 / Lk 11,37 / Joh 13
II *9* Es beginnen die Proben für das überarbeitete Passionsspiel. Noch haben die Schauspieler Mühe mit dem Text. Sie tragen – persönlich distanziert – die Geschichte des »Jeschua Ben Pantera« vor. (30')	Deutlich ist die Distanz zu Jesus, wenn man sich ihm auf diese Weise nähern will.
10 Auf dem »Mont Royal« oberhalb von Montreal, im Hintergrund die nächtlich erleuchtete Skyline der Stadt, beginnt im Freien in einem »Garten«, der der Kirche gehört, das neu einstudierte Passionsspiel:	Mt 26,36ff. / Mk 14,32ff. / Lk 22,40ff. (Szene 10: Symbol »Lebensopfer«)
1. Station: Verhör vor Pilatus (35')	Mt 27,11ff. / Mk 15,2ff. / Lk 23,2ff.
2. Station: Verkündigung und Leben Jesu Mireille und Constance kommentieren verschiedene Geschichten aus dem Leben Jesu, die vor einem begeisterten Publikum demonstriert werden: Zunächst nochmals die Geschichte von Jeschua Ben Pantera, dann Jesus der Magier, eine Blinde wird sehend. Dann wird ein Toter auferweckt (»Talita kumi«). (40') Jesus teilt Brot aus und spricht Worte der Bergpredigt: Sorgt euch nicht. Lebt in Frieden. Widersetzt euch nicht dem Bösen. Christusbekenntnis des Petrus. Ankündigung des Todes. (43')	Verschiedene Bibelstellen: Mt 14 / Mk 6 / Mk 8 Während dieser Szenen – die Zuschauer ziehen, von Polizisten gelenkt, mit der Schauspielgruppe von Ort zu Ort – stürzt sich eine ekstatisch begeisterte farbige Zuschauerin auf Jesus und umarmt ihn, bis die Ordnungshüter mit roher Gewalt eingreifen. Mt 6,25ff. / Lk 12,22ff. / Mt 5,43ff. / Lk 6,27ff. / Mt 16,13ff. / Mk 8,27ff. / Lk 9,18ff. Mt 27,27ff. / Mk 15,16ff.

3. Station: Geißelung und Kreuzigung Äußerst realistische, grausame Szenen. Jesus bleibt in Mitleid erregender Weise am Kreuz hängen. (Kommentar: Erst 500 Jahre später beginnen die Künstler, Jesus am Kreuz zu malen!)	Während dieser Szenen erklingen zum wiederholten Mal Takte aus »Stabat mater« von Pergolesi. Diese Musik bildet eine weitere Ebene. Die Schauspieler mit Ausnahme der Jesusgestalt wechseln immer wieder ihre Rollen, teils kommentieren sie die Szenen, teils spielen sie eine bestimmte Person.
Kreuzigung über der Skyline von Montreal. »Es ist vollbracht.« (48')	Historisch-aktualisierender Kommentar über die Kreuzigung. Mt 27,32ff. / Mk 15,20ff. / Lk 23,26ff.
4. Station: Begegnung mit dem Auferstandenen in einem Tunnelgewölbe Martin darf hier seinen Hamlet-Monolog sprechen: »Sterben, schlafen, nichts weiter ...« Constance: »Kein Wanderer außer einem, außer ihm ... kam zurück.« (50')	
Maria von Magdala (Mireille): »Ich habe ihn gesehen, ich schwöre es, glaubt mir.« Botschaft der Liebe und Aufforderung zur Nachfolge. »Weg vom Egoismus, hin zu einem neuen Leben der Liebe« – ist die Botschaft. (54')	Emmaus-Motiv. Lk 24,13ff.
III *11* Die Aufführung der Passionsspiele findet begeisterte Aufnahme durch das Publikum und die Kultur-Schickeria von Montreal. Die Schauspielerinnen und Schauspieler erhalten Einladungen zu Fernsehinterviews. (56')	
12 Gar nicht zufrieden mit dieser Art Aufführung ist Pater Leclerc. In einer leidenschaftlichen Diskussion im »Todeskeller« protestiert er gegen die historisch-kritische Interpretation des Evangeliums und insbesondere gegen die »Pantera-Legende«. Er sieht sich gezwungen, seine vorgesetzte Kirchenbehörde zu informieren. (58')	

13

Die fünf Schauspieler feiern ihren Erfolg bei einem Mahl im Freien hoch über der Stadt. Ihr »Abendmahl« erinnert an die abendliche Runde vom Anfang des Films. (60')

Erinnerung an das Abendmahl. Mt 26

14

Die Kulturredaktion des Fernsehens feiert Daniel und sein Stück: »Die Aufführung ist ein absolutes *Muß*, ein Ereignis!« (1'02")

15

Daniel begleitet die junge Mireille zu Probeaufnahmen für einen Bierwerbespot. Es scheint, als hätte der Alltag die Schauspieler wieder eingeholt. Der Regisseur Jerge behandelt seine Fotomodelle als echter Sexist. Mireille soll ihren Pullover ausziehen und mit nacktem Oberkörper posieren; doch Daniel/Jesus beschwört Mireille, es nicht zu tun. Er wirft aus Protest die Tische um, reißt alle Kabel heraus und zerstört die wertvolle Studioeinrichtung. Zu Mireille: »Du bist zu schade, komm.«

Mit einem abgerissenen Fernsehkabel treibt er das Gesindel – »Scheißkerle!« auf den Lippen – aus dem modernen Tempel. (1'10")

Die moderne Tempelaustreibung stellt einen ersten Höhepunkt in der Dramaturgie des Films dar. Mt 21,12ff. / Lk 19,45ff.

Es ist zugleich der Umschlag, denn ab jetzt steht nicht mehr das Passionsspiel, sondern das Leben der Interpreten bzw. die Realisation des Lebens Jesu in der Gegenwart im Vordergrund des Filmgeschehens. (Symbol: »Prophetengeist / Reinigung«)

16 Bei der zweiten Aufführung des Erfolgsstückes kommt es zum Eklat. Nach einem bewegenden Vortrag der Bergpredigt: Ihr sollt keinen Meineid leisten, eure Rede sei Ja, Ja, Nein, Nein, wird Daniel von der Polizei vom Kreuz weg verhaftet. Obwohl der ihn verhaftende Polizeibeamte große Sympathie für den Schauspieler und sein Stück empfindet – (er hätte es gerne zu Ende gesehen!) –, wird Daniel abgeführt. Er ist der Sachbeschädigung in Höhe von 110 000 Dollar angeklagt. Daniel verzichtet auf einen Rechtsbeistand. Er will sich schuldig bekennen. Der Angeklagte wird von einer Gerichtspsychologin auf seinen Geisteszustand hin untersucht. Sie ist von ihm beeindruckt, nicht zuletzt wegen seiner Haltung gegenüber Frauen und gegenüber dem Leben. Er wird bis zur Gerichtsverhandlung auf freien Fuß gesetzt. (1'17")	Mt 5,33ff.
17 Ein Filmagent und Anwalt, der alles und jedes vermarktet, möchte Daniel engagieren und für eine große Karriere gewinnen. Es gäbe für ihn viele Möglichkeiten, seinen Namen zu vermarkten. »Ihnen könnte die ganze Stadt gehören, wenn Sie wollen.« Das Gespräch findet im obersten Stock eines Wolkenkratzers statt mit Blick hinunter auf Montreal. Doch Daniel lehnt ab. (1'20")	Versuchungsgeschichte Mt 4,1ff. / Lk 4,1ff. (Szene 17: Symbol »Äußerer und innerer Reichtum«)
18 Daniels Freunde gehen nicht auf den Vorschlag von Pater Leclerc ein, doch wieder die ursprüngliche Fassung des Passionsspiels anzubieten. Als Daniel zu ihnen stößt, spielen sie zum Verdruß des Paters das Stück probeweise als Karikatur. (1'25")	

IV *19* Zwischen Daniel und Pater Leclerc findet in der Kirche ein dramatisches Streitgespräch statt. Leclerc: »Die Ärmsten der Armen wollen keine historisch-kritischen Erkenntnisse vermittelt bekommen, sondern sie wollen hören, daß Jesus sie liebt.« Auch Constance versucht es ein letztes Mal mit Leclerc: »Laß uns das Stück noch ein einziges Mal spielen. – Wovor hast Du Angst?« – Leclerc bietet ein erschütterndes Zeugnis seines Priesterverständnisses und seiner Existenzkrise. (»Wenn ich nicht mehr Priester bin, bin ich nichts mehr. Ich bin zu alt, um noch einmal ein anderes Leben zu leben.«) Constance verläßt demonstrativ die Kirche und wendet sich endgültig von Leclerc ab. (1'30")	
20 Die fünf Schauspieler sitzen beieinander und entschließen sich, trotz des Verbots das veränderte Passionsspiel noch ein letztes Mal aufzuführen. »Der Vorgesetzte soll selber kommen, wenn er etwas zu sagen hat.« (1'33")	(Szene 20-22: Symbol »Sühnetod«)
Die Polizei rückt an und verbietet die Fortsetzung der Aufführung. Es entsteht im dichten Gedränge ein Tumult, weil aufgebrachte Zuschauer sich mit den Ordnungshütern anlegen. Das Kreuz, an dem der Gekreuzigte noch hängt, stürzt um. Daniel wird schwer am Kopf verletzt. (1'35")	Kreuzigungsszene

21 Das Städtische Krankenhaus ist so überfüllt, daß der Notarztwagen mit Daniel nicht dorthin fährt. Im christlichen Krankenhaus St. Markus kommt er zwar unter, jedoch liegt er nur auf einem hoffnungslos überfüllten Gang. Er wird nicht ärztlich versorgt. Vergeblich bemühen sich Mireille und Constance, die Versicherungsformalitäten zu klären. Daniel bittet schließlich die beiden, ihn nach Hause zu bringen. (1'40")	
22 Unterwegs auf einem U-Bahnhof verkündet Daniel, sichtlich im Delirium, die Botschaft der Markus-Apokalypse (Mk 13). Die auf dem Bahnsteig Wartenden schauen gelangweilt oder auch verlegen drein.	
Ein Werbeplakat einer Parfümfirma an der Wand verkündet »L'homme sauvage«, der wilde Mann, als wäre dieser ein gesellschaftlich erwünschter Typ. Daniel bricht ein zweites Mal zusammen. Wieder wird er vom Notarztwagen abgeholt und diesmal in das jüdische Krankenhaus gebracht. In dem fast menschenleeren Haus bekommt er sofort ärztliche Versorgung. Doch die Ärzte können den beiden Frauen nur noch Daniels Gehirntod mitteilen. Er wurde zu spät eingeliefert. (1'45")	(Die Geschichte vom wilden Mann)
23 Die Ärzte bitten um den Leib des Verstorbenen für eine Organtransplantation (»Blutgruppe 0, es ist wie ein Gottesgeschenk«). Da Daniel keine näheren Angehörigen hat, gibt Constance ihr Einverständnis. (1'45")	(Szene 23, 24, 26: Symbol »Neues Herz / neues Sehen«)
Gewitter über dem Berg von Montreal. (1'47")	Mk 15,33

24 Daniel liegt, die Arme wie ein Gekreuzigter ausgebreitet, auf dem OP-Tisch. Es werden ihm Herz und Augen entnommen. Per Flugzeug werden die Organe den Empfängern überbracht. (1’48”)	
25 Mireille und Constance nehmen in der jüdischen Krankenhauskapelle am schlichten Holzsarg Abschied von Daniel. (1’48”)	Mk 15,47 Zwei trauernde Frauen am Grab
26 Der Zuschauer erlebt das Glück der beiden Organempfänger. »Sie haben jetzt ein dreißig Jahre jüngeres Herz!« – »Das Licht!« Der Film-Agent hat eine neue Idee: eine kommerzielle Daniel-Coulombe-Theatergruppe. Doch Daniel wollte sicher nur eine Gruppe, die nichtkommerziell arbeitet. Deshalb verlassen die beiden Frauen die Gruppe. (1’51”)	Auferweckungs- und Sehwunder
27 Im U-Bahnhof singen zwei Frauen aus Pergolesis »Stabat mater«. (1’20”)	

Sachliche Hinweise, Ergänzendes Material / Exkurse, Didaktische Hinweise und Literatur

Die Hinweise zu den Kapiteln des Materialheftes sind wie folgt gegliedert: 1. Sachliche Hinweise, 2. Ergänzendes Material / Exkurse, 3. Didaktische Hinweise, 4. Literatur, 4.1 grundlegend, 4.2 weiterführend, alternativ

Kapitel 1: Jesus im Alltag einer Großstadt

»Annäherung an Jesus« haben wir die ersten Kapitel des Materialheftes überschrieben, d.h. wir wollen uns der Gestalt Jesu von ganz unterschiedlichen Erfahrungen, Perspektiven und Anliegen unserer *heutigen Zeit* her nähern und unsere Schülerinnen und Schüler in diesen Prozeß des Sich-Annäherns an Jesus mit hineinnehmen:

Sachliche Hinweise

Foto S. 3
Farbige Jugendliche in einem Armenviertel von Los Angeles werden zufällig an einem großen Jesus-»Mural« (Ghetto-Kunst) aufgegriffen. Sie befinden sich mit Millionen anderer Jugendlicher der Großstädte der Welt in einem Teufelskreis von Arbeitslosigkeit, zerbrochenen sozialen Verhältnissen, mangelnder Ausbildung, Kriminalität.

Didaktische Hinweise

Fragen zur Diskussion:
- Welchen ersten Eindruck hinterläßt das Foto bei Ihnen?
- Worin liegt der Kontrast von »Ghetto-Kunst« und der Situation der Jugendlichen?

Kapitel 2: Die Goldene Regel Jesu in der UNO

Sachliche Hinweise

Während seiner Recherchen für einen GEO-Bericht über die Bedeutung der UNO für das friedliche Zusammenleben der Weltgemeinschaft entdeckte der Fotograf Volker Hinz eine junge schwarze UNO-Führerin, die gerade einer Schulklasse das Wand-Mosaik »The Golden Rule« des amerikanischen Künstlers Norman Rockwell (1895-1978) erklärt. Ein Wort des Jesus von Nazareth (Mt 7,12 / Lk 6,31) ist das Thema des Mosaiks. (Eine Farbreproduktion des *ganzen* Bildes findet sich in: Dieter Volpert, Wirtschaftsethik, Institut für Religionspädagogik, Habsburgerstraße 107, 7800 Freiburg, 1991, S. 3.)

Didaktische Hinweise

Vorschlag für ein Rollenspiel: Der Kulturausschuß der UNO muß darüber entscheiden, ob dieses Mosaik mit einem »goldenen Wort« Jesu an einer Wand des Konferenzgebäudes der UNO angebracht werden soll. Achten Sie auf die interkulturelle Zusammensetzung eines solchen Ausschusses!

Literatur

Grundlegend:
G. Strecker, Die Bergpredigt. Ein exegetischer Kommentar, Göttingen 1984. (Strecker stellt S. 155ff. Interpretationen der Goldenen Regel im Judentum, bei Jesus, Q, Lk und Mt dar, die für den Oberstufenunterricht gut brauchbar sind.)

Weiterführend / alternativ:
A.T. Khoury, So sprach der Prophet, Gütersloh 1988, S. 319.
H. Küng, Projekt Weltethos, München 1990, S. 84ff.
U. Luz, Das Evangelium nach Matthäus, EKK, Gütersloh / Zürich 1985, Teilbd. 1, S. 387ff.
S. Schulz, Neutestamentliche Ethik, Zürich 1987, S. 50f.
E. Schweizer, Die Bergpredigt, Göttingen 1982, S. 84f.

Kapitel 3: »Jesus von Montreal« – Ein Film von Denys Arcand

Sachliche und didaktische Hinweise

Vergleiche die Ausführungen Seite 8-20 im Lehrerheft.

Ergänzendes Material / Exkurs

Beurteilung sogenannter »neuer wissenschaftlicher Erkenntnisse« in der Jesusforschung am Beispiel der »Expertenszene« im Film »Jesus von Montreal«

In der 4. Szene beruft sich der Professor auf »neuere Talmudübersetzungen«. Hier liegt möglicherweise ein Mißverständnis des Regisseurs vor. Es dürfte sich bei den angeblich für die Kirche gefährlichen Schriften um Qumran-Texte handeln, die mit dem Talmud nichts zu tun haben und mit denen sich die These von *Michael Baigent* und *Richard Leigh* befaßt. Deren Buch »Verschlußsache Jesus: Die Qumranrollen und die Wahrheit über das frühe Christentum« (Titel der früheren Originalausgabe: »The Dead Sea Scrolls Deception«), deutsch 1991, stand monatelang an erster Stelle der Bestsellerliste des Nachrichtenmagazins »Der Spiegel« und wurde dort in großformatigen Anzeigen bekannt gemacht.
»Die Verfasser«, schreibt der an der Universität Tübingen lehrende Privatdozent für Neues Testament, Dr. Rainer Riesner, »sind von der geschichtlichen Unzuverlässigkeit des Neuen Testaments überzeugt. Jesus ist für sie eine weitgehend legendäre Figur. Ihr neues revolutionäres Bild von der Geschichte des Urchristentums soll sich aus einigen der Qumran-Schriften ergeben. Danach waren Essener, Zeloten, Nazoräer und Christen nur verschiedene Namen für ein und dieselbe messianische Aufstandsbewegung ... Entgegen der Erwartung, die der Klappentext des Buches weckt, können die Verfasser keinen einzigen neuen Qumran-Text vorweisen, schon gar keinen mit den Namen von Jesus, Jakobus oder Paulus. Sie müssen vielmehr fantastische Auslegungen schon bekannter Qumran-Schriften bemühen ... Natürlich steht im Hintergrund dieser abstrusen Behauptungen ein Professor. Es ist Robert Eisenmann von der University of California ... Der Punkt, an dem die Autoren mit ihrer Verschwörungstheorie ansetzen können, ist ein wirklicher Wissenschaftsskandal. Ein großer Teil der Qumran-Handschriften wurde über 40 Jahre nach ihrer Entdeckung noch immer nicht veröffentlicht ... Nun existiert schon seit den späten 50er Jahren eine Konkordanz der meisten Funde aus Höhle 4. Sie wurde 1988 veröffentlicht. Mit Hilfe eines Computers war es ein leichtes, die Texte zu rekonstruieren.«
Da in dem Forschungsteam vor allem Gelehrte des katholischen Dominikanerordens führend waren, bringen die Autoren, beide Journalisten, ihre Verschwörungstheorie hier ein. Dazu nochmals Riesner: »Nach ihnen verhindert der Vatikan mit Hilfe der katholischen Forscher eine vollständige Veröffentlichung der Dokumente. Im Hintergrund, man ahnt es schon, sehen Baigent und Leigh den Präfekten der vatikanischen Glaubenskongregation, Joseph Kardinal Ratzinger, der für sie ein moderner Großinquisitor ist.« Die meisten Behauptungen der Verfasser sind völlig unbegründet, so daß Riesner mit Recht anmerkt: »Große deutsche Verlage müssen sich fragen lassen, ob sie nicht dem Irrglauben anhängen, daß etwas schon dann aufklärerisch ist, wenn es sich antikatholisch und christentumsfeindlich gibt.«

Zitiert nach: idea spektrum 41/91, S. 18f.

»Neuere Jesusbücher zwischen Psychologie und Spiritualität«

Auf die generelle Schwierigkeit, zwischen seriöser und unseriöser Information zu unterscheiden, sollte im Oberstufen-Religionsunterricht hingewiesen werden, auch im Blick auf die Flut neuer Jesus-Bücher. Zu diesem Thema hat Ulrich Ruh eine gute Analyse veröffentlicht: Ulrich Ruh, *Ein anderer Jesus? Neuere Jesusbücher zwischen Psychologie und Spiritualität,* in: Albert Raffelt (Hrsg.), Begegnung mit Jesus? Was die historisch-kritische Methode leistet, Freiburger Akademieschriften Band 1, Düsseldorf 1991, S. 13-28. Der Autor, Chefredakteur der Herder-Korrespondenz, stellt u.a. folgende *neuere Jesusbücher* kritisch vor:

- R. Augstein, Jesus Menschensohn, München u.a. 1972.
- F. Alt, Jesus – der erste neue Mann, München 1989.
- G. Messadié, Ein Mensch namens Jesus, München 1989.
- E. Drewermann, Das Markusevangelium, Teil 1, Olten 1987.
- H. Wolff, Jesus der Mann, Stuttgart 1975.
- H. Wolff, Jesus der Psychotherapeut, Stuttgart 1978.
- Chr. Mulack, Jesus – der Gesalbte der Frauen, Stuttgart 1987.
- E. von Wedel, Als Jesus sich Gott ausdachte. Die unerwiderte Liebe zum Vater, Stuttgart 1990.
- K. Herbst, Der wirkliche Jesus. Das total andere Gottesbild, Olten 1988.
- A. Mayer, Der zensierte Jesus. Soziologie des Neuen Testaments, Olten [3]1988.
- W. Feneberg, Jesus – der nahe Unbekannte, München 1990.

Zusammenfassend schreibt U. Ruh (a.a.O., S.20f., 28):

»Eines verbindet alle genannten Bücher: Sie sind – um es verkürzt und etwas umgangssprachlich zu sagen – ›für‹ und nicht ›gegen‹ Jesus; sie sehen Jesus von Nazaret – wenn auch aus durchaus verschiedenen Motiven und mit unterschiedlichen Schwerpunkten – als eine sympathische oder sogar mitreißende Gestalt, als eine Gestalt, an deren Handeln und Verkündigung es sich zu orientieren lohnt. Besonders plakativ kommt das wiederum bei Franz Alt zum Ausdruck, der Jesus u.a. als ›geistige Atombombe‹ apostrophiert, ›mit deren Hilfe wir die materiellen Atombomben überwinden können – die privaten, die beruflichen, die politischen und die militärischen Atombomben, die uns gefangen halten‹ ...
Noch ein letzter Punkt ist zu bedenken: Die sehr bunte Palette heutiger Jesusbücher erinnert nachdrücklich daran, daß Kirche und Theologie unter den Bedingungen der säkularisierten, nachchristlichen Gesellschaft kein Monopol für die Deutung Jesu beanspruchen können. Der kirchliche Interpretationsrahmen ist längst nicht mehr für alle verbindlich und überzeugend. Christen leben im Normalfall nicht mehr in mehr oder weniger geschlossenen Milieus, in die nichtkanonische oder nichtkirchliche Jesusdeutungen kaum hereindringen. Deshalb hilft es auch nichts mehr, in der Auseinandersetzung mit solchen Deutungen das überlieferte christologische Dogma bzw. das ihm vorausgehende und zugrundeliegende Bekenntnis zu Jesus als Sohn Gottes unvermittelt zu dekretieren oder es nur einfach ohne Wenn und Aber weiterzutragen. Schließlich können ja auch durch unkonventionelle Jesusbilder, sei es in der Literatur, der bildenden Kunst oder im Film, Facetten der Gestalt Jesu und ihrer heutigen Relevanz aufleuchten (bei all ihren Defiziten), die im Normalbetrieb kirchlicher Verkündigung unterbelichtet sind.«

Problematik esoterischer Jesusdarstellungen

Einen sachkundigen Überblick über die Problematik *esoterischer* Jesusdarstellungen gibt J. Finger, Neue »Evangelien« und »Offenbarungen«, in: Jesus außerhalb der Kirche. Das Jesusverständnis in neueren religiösen Bewegungen, hrsg. von O. Bischofberger u.a., Paulusverlag, Freiburg/Schweiz 1989, S. 97ff.

»Kaum beachtet von der offiziellen Theologie, um so mehr aber – darf man den Verkaufszahlen von Büchern und den Besucherzahlen von Zentren neuer Offenbarungen glauben – vom Publikum steht er im Raum: Der Jesus, den uns sogenannte neue Evangelien (Neuapokryphen) und Neuoffenbarungen nahebringen wollen. Der Jesus, den die Kirchen so lange unterdrückt haben sollen. Der Jesus, der, wie es heißt, die *wahre* gute Botschaft für die heutige Zeit bringt. In den letzten 150 Jahren sind eine ganze Reihe von Texten aufgetaucht, welche sich angeblich auf älteste Quellen stützen und diese Ansichten belegen. Neuoffenbarungen, d.h. Botschaften, die spiritistische Medien z.T. von Christus selbst empfangen haben wollen, scheinen dies zusätzlich zu unterstützen. Die im folgenden von mir ausgewerteten ›Evangelien‹ und Schilderungen Jesu sind:›Das fünfte Evangelium oder das Urevangelium der Essäer‹ (1879 herausgegeben von F. Clemens); ›Das geheime Evangelium der Essener‹, ›Das Friedensevangelium des Jesus Christus durch den Jünger Johannes‹ (= ›das Friedensevangelium der Essener‹ = ›Heliand‹) und ›Das Essener Evangelium des Johannes‹ (alle ab 1928 übersetzt und 1937 herausgegeben von E.B. Székely); ›Das Evangelium des vollkommenen Lebens‹ (angeblich 1881 ›empfangen‹ von G.J. Ouseley, Erstdruck 1901); ›Das mystische Leben Jesu‹ (1929 von H. Spencer Lewis); ›Das Wassermann-Evangelium über Jesus den Christus vom Fische-Zeitalter‹ (›gesehen‹ von Levi Dowling, 1908); ›Evangelium des Jakobus (= Botschaft des Jakobus‹) (durch Medium empfangen 1920-24 in der ›Fraternität Silvani‹); ›Jesât Nassar genannt Jesus Christus‹ (M. Wehrli-Frey 1961, nach Quellen der 1917 gegründeten Mazdaznan-Bewegung); ›Die Lücke im Leben Jesu‹ (1894 nach einem ›tibetischen Manuskript‹ von Nicolaj Notowitsch); ›Das Buch Mormon‹ (engl. Erstausgabe 1830). ...
Sehr vereinfachend gesagt, können alle diese Schriften mehr oder weniger auf den Nenner des ›eingeweihten Menschen Jesus‹ gebracht werden. Der Menschensohn Jesus eignet sich bei den Essenern, in Ägypten, in Indien oder an mehreren Orten ein esoterisches Heilswissen an (das zum Teil auch im Sinne des physischen Heilen verstanden wird), das ihn zu einem der großen Lehrer der Menschheit macht. Oder die Vollmacht kommt als Christus-Geist bei der Geburt bzw. anläßlich der Taufe über ihn. Das Wissen, bzw. seine Zugehörigkeit zum eingeweihten Kreis, erlauben ihm nach einigen Angaben sogar ein Überleben der Kreuzigung.
Eine der neuesten Darstellungen (›Der heilige Gral und seine Erben‹) behauptet gar, Jesus sei ein mit Maria Magdalena verheirateter Priesterkönig gewesen. Letztere floh später mit dem gemeinsamen Sohn nach Südfrankreich, wo die Merowinger zu den Nachkommen und Erben der Würde Jesu wurden. ...
Ob Jesus dabei bald nach der Kreuzesabnahme doch den Spätfolgen der Martern erlag (Essäer Brief, Clemens), ob er sich in ein Kloster auf dem Karmel zurückzog (Lewis), ob er nach Indien bzw. Kashmir bzw. Japan reiste oder ob er mit Maria nach Südfrankreich floh, ist dabei weniger wichtig als das Überleben der Kreuzigung an sich....
Der Kirche als Gesamtheit des institutionalisierten Christentums wird immer wieder vorgeworfen, sie habe die Wahrheit und die entsprechenden Schriften bzw. Neuoffenbarungen zu unterdrücken gewußt. Erst heute kommen die alten Quellen, die im verborgenen überliefert werden mußten, wieder ans Licht. Agenten der Kirche, so wird behauptet, versuchen allerdings immer noch, diese Texte zum Schweigen zu bringen. Und so kommt es, daß verschiedene Originale

unauffindbar in den Geheimarchiven des Vatikan verschwunden sind. ...
Das chronologisch gesehen erste Motiv ist die (arische) Abstammung Jesu. Das Muster der außerehelichen Beziehung Marias stammt offensichtlich aus der gegen die Christen polemisierenden talmudischen Überlieferung ›Toledot Jeshu‹, die zwischen dem ersten und 10. Jahrhundert entstanden ist. Auch das Motiv der ›Einweihung in Ägypten‹ taucht hier bereits auf. Eine nicht-jüdische Abstammung zu belegen wäre im Interesse der Verfasser gelegen, ist aber in den Toledot höchstens zwischen den Zeilen zu lesen. Im Zuge des deutschen Nationalismus wird diese These ausgearbeitet, z.B. auch in Form einer gallischen Einwanderung nach Galiläa (A. Müller, Jesus – ein Arier, Leipzig 1904) oder einer adligen, iranischen Abstammung, wie es die zarathustrische Mazdaznan-Bewegung sieht. Aufgrund ihrer antichristlichen Aussageabsicht können die Toledot kaum als zuverlässige Quelle eingestuft werden – die auf sie zurückführbaren Aussagen halten einer kritischen Betrachtung somit nicht stand.«

Sogenannte »unbekannte Jesusworte«

Oft berufen sich die Autoren der oben genannten Jesusbücher auf angebliche Jesusworte, die nicht in den kanonischen Evangelien stehen. Solche »Agrapha«, die sich in den apokryphen Evangelien (z.B. Thomasevangelium) oder bei den Kirchenvätern, bei Paulus, in einem Fall sogar als Einfügung in das Lukasevangelium zitiert finden, lassen sich mit Sicherheit weder als echt noch als unecht erweisen (vgl. dazu O. Hofius, Unbekannte Jesusworte, in: Das Evangelium und die Evangelien, hrsg. von P. Stuhlmacher, Tübingen 1983, S. 355ff.).
Einige Beispiele seien hier wenigstens genannt:
Geben ist seliger als Nehmen (bei Paulus in Apg 20,35). *Werdet tüchtige Wechsler*, d.h. prüft die Meinungen kritisch, so wie Geldwechsler die eingezahlten Münzen kritisch auf Wert und Echtheit prüfen (bei Epiphanius). *Erbittet euch das Große, so wird Gott euch das Kleine hinzutun* (bei Clemens von Alexandrien). *Wer mir nahe ist, ist dem Feuer nahe; wer mir fern ist, ist dem Reich* (Gottes) *fern* (bei Origenes). *Als er* (d.h. Jesus) *an demselben Tag einen Mann am Sabbat eine Arbeit verrichten sah, sagte er zu ihm: Mensch! Wenn du weißt, was du tust, bist du selig! Wenn du es aber nicht weißt, bist du verflucht und ein Übertreter des Gesetzes* – eine Anweisung, nicht leichtfertig Gebote zu übertreten, wie wir sie auch bei Paulus in Röm 14,5-6 finden (eine Bibelhandschrift hat das Jesus-Wort hinter Lk 6,4 in den Text eingefügt).
Ungeklärt ist auch die Herkunft des Spruches, der seit 1601 am Südportal der Moschee von Fathpur-Sikri in Indien angebracht ist und in der islamischen Literatur schon seit dem achten nachchristlichen Jahrhundert angeführt wird: *Jesus, über dem Friede sei, hat gesagt: Die Welt ist eine Brücke. Geht über sie hinüber, aber laßt euch nicht auf ihr nieder.*

Literatur

A. Degenhart, Jesusdarstellungen im Medium Film. Grundsätzliche theologische und filmsprachliche Überlegungen zum Genre der Jesusfilme. Diplomarbeit an der Evang. Fachhochschule Freiburg, Bugginger Str. 64, 1991. Die Diplomarbeit enthält auch ein Unterrichtsprotokoll mit Schüleraussagen über den Einsatz des Filmes in einer 13. Klasse (Religionslehrer Dr. Veit Dieterich, TG Waiblingen). Die Arbeit kann in der Bibliothek der FHS Freiburg und in der Bibliothek des Religionspädagogischen Instituts (RPI), Marie-Alexandrastr. 22, 7500 Karlsruhe ausgeliehen werden.

Kapitel 4 und 7: Ergebnisse der Jesusforschung

Sachliche Hinweise

Zur Forschungsgeschichte: Zu Beginn dieses Jahrhunderts schrieb *Albert Schweitzer* seine »Geschichte der Leben-Jesu-Forschung« mit der Absicht, »die natürliche und unbefangene Auffassung der ältesten Berichte sicherzustellen«. Dabei ergab sich, daß das Anliegen der damaligen *liberalen Theologie* nicht zu verwirklichen war. Es bestand darin, zeitlich Bedingtes und überzeitlich Gültiges in Jesu Lehre voneinander zu trennen und nur das Bleibende zu übernehmen, das dann in die moderne Weltanschauung integriert werden konnte.

Schweitzers Forschungen zeigten, daß Jesus ein auf die Endzeit ausgerichteter jüdischer Charismatiker war, der radikale ethische Forderungen stellte und zutiefst verschieden war von jedem kirchlichen Theologen der Neuzeit. Was die Tradition als »echte« Überlieferung bewahrt zu haben meinte, erwies sich jetzt als so schmal, daß eine Biographie seines Lebens nicht mehr geschrieben werden konnte.

Rudolf Bultmann nahm den Ansatz Albert Schweitzers auf und sah im historischen Jesus nur die Voraussetzung für die spätere Verkündigung der Kirche, vor allem bei Paulus und Johannes. Er stellt fest: »Vom Leben Jesu bedarf sein Kerygma nur das Daß und die Tatsache der Kreuzigung Jesu.« Inhalt des Kerygmas ist, daß Gott durch den Tod und die Auferweckung seines Gesandten die Weltenwende herbeigeführt hat und dem Menschen, der daran glaubt, das ewige Heil schenkt. Dazu ist die historische Kenntnis des Lebens und Wirkens Jesu von Nazareth entbehrlich; schon Paulus benötigte sie offensichtlich nicht in seiner theologischen Argumentation.

Vertritt man diese Position, dann ergibt sich folgendes Urteil: »Der historische Jesus gehört historisch wie sachlich ins Spätjudentum und nicht ins Christentum, in die Geschichte Israels und nicht in die Kirchengeschichte; seine Lehre ist sachkritisch beurteilt Gesetz und nicht Evangelium und kann schon gar nicht der kritische Maßstab von Theologie, Ethik und Verkündigung sein.« (*S. Schulz* in der Nachfolge von *R. Bultmann* und *H. Conzelmann*, in: Jesus Christus in Historie und Theologie – Neutestamentliche Festschrift für Hans Conzelmann zum 60. Geburtstag, Tübingen 1975, S. 3ff.; s. besonders S. 20f.).

Diese Sicht wurde jedoch von anderen Schülern Bultmanns immer mehr als unzureichend und von der Erforschung der neutestamentlichen Texte her auch als unhaltbar angesehen. *Ernst Käsemann, Günther Bornkamm* u.a. lenkten den Blick auf Jesus von Nazareth zurück, indem sie den inneren Zusammenhang zwischen seiner Person und seiner Botschaft an konkreten Texten der Evangelien aufzeigten.

In der Folgezeit wurde die Forschung immer spezialisierter und ist durch eine Fülle von unterschiedlichen Ansätzen gekennzeichnet, die *Einzelaspekte* untersuchen:

- Der *sozialgeschichtliche* Ansatz, wie ihn *Gerd Theißen* u.a. vertreten, konnte aufzeigen, daß das neutestamentliche Bild Jesu erstaunlich gut in den historischen Kontext Palästinas im 1. Jh. hineinpaßt und durch die Kenntnis der soziologischen und ökonomischen Verhältnisse dieser Epoche schärfere Konturen bekommt.
- Die Forschungen *jüdischer Gelehrter (David Flusser u.a.)* konnten zu einem vertieften Verständnis des *Juden Jesus* und seiner festen Verwurzelung im Judentum beitragen.
- Die *feministische Jesusforschung* hat pointiert darauf hingewiesen, daß Jesus in einer

Bewegung stand, die stark von Frauen getragen wurde, und schon deswegen nicht auf rein männliche Rollen und Normen fixiert war *(Elisabeth Schüssler-Fiorenza u.a.)*.

- Die *wirkungsgeschichtliche* Betrachtungsweise (*Hans Theo Wrege*) hat gezeigt, wie vielgestaltig, aber auch ambivalent Jesusimpulse in und außerhalb der Kirche wirksam geworden sind.
- Die *historische Psychologie* des Neuen Testaments (*Klaus Berger*) hat versucht, die Menschen um Jesus aus ihrer Zeit heraus psychologisch zu verstehen, z.B. das Phänomen der Naherwartung Jesu und seiner Anhänger, das in einer »affektiv-emotionalen psychischen Konstellation« gründet, »welche bei ihren Trägern die Zeit schrumpfen und sie das Heil in aller nächster Zeit erwarten läßt« (K. Berger).

Didaktische Hinweise

Möglicher Einstieg: Die Schülerinnen und Schüler werden aufgefordert, eine *Biographie Jesu* nach dem Schema eines tabellarischen Lebenslaufs zusammenzustellen. Ergebnisse der Einzel- oder Gruppenarbeit werden zusammengetragen und in einer »Musterbiographie« (Tafel/Overheadprojektor) vorgestellt. Dieses Vorgehen soll danach kritisch analysiert werden, was anhand einer Hausarbeit geschehen kann:
Die Klasse erhält als *Hausarbeit* den Auftrag, im Materialheft die S. 8-11, 14-15 zu lesen und die wichtigsten Aussagen zusammenzufassen. Das Ergebnis im Materialheft, S. 14-15, könnte in einem Tafelanschrieb festgehalten werden:

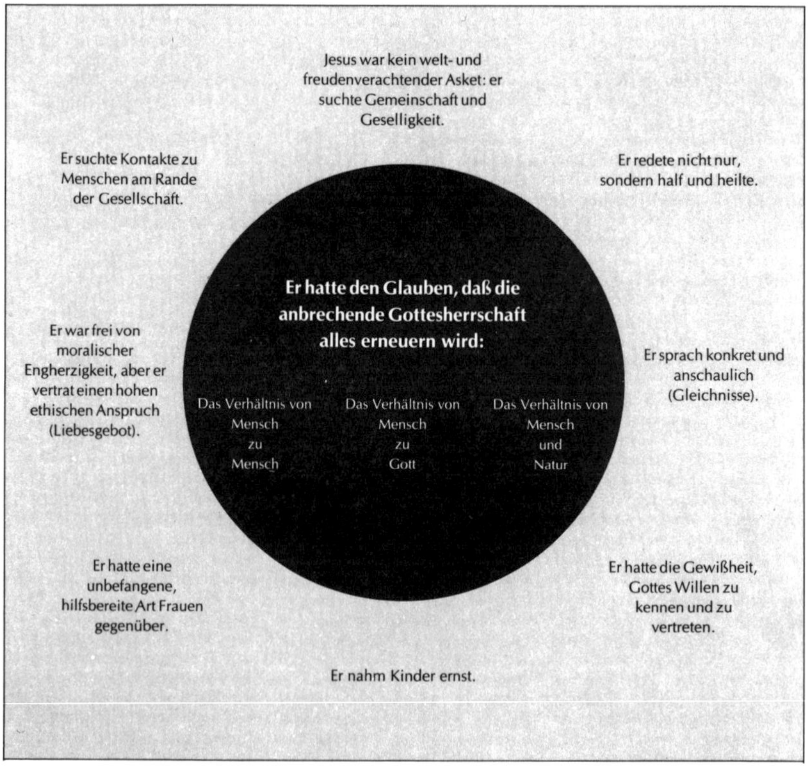

Diskussionsfrage für die nächste Stunde:
- Welche Konsequenz hat die Leben-Jesu-Forschung (vgl. o.g. Seiten) für unser Jesusbild?

Literatur

Grundlegend:
G. Bornkamm, Jesus von Nazareth, Stuttgart 1983 (Erstausgabe 1956).
H. Braun, Jesus. Der Mann aus Nazareth und seine Zeit, Stuttgart 1984 (Erstausgabe 1959).
R. Bultmann, Jesus, München 1964 (Erstausgabe 1926).
Chr. Burchard, Jesus von Nazareth, in: J. Becker u.a., Die Anfänge des Christentums. Alte Welt und Neue Hoffnung, Stuttgart u.a. 1987, S. 12ff.
P. Pokorný, Die Entstehung der Christologie. Voraussetzungen einer Theologie des Neuen Testaments, Stuttgart 1985.
E. Schweizer, Jesus Christus I, in: TRE 16, 1987, S. 670-726.

Weiterführend / alternativ:
K. Berger, Historische Psychologie des Neuen Testaments, Stuttgarter Bibelstudien 146/147, Stuttgart 1991, S. 113ff.
A.E. Carr, Frauen verändern die Kirche. Christliche Tradition und feministische Erfahrung, Gütersloh 1990.
D. Flusser, Entdeckungen im Neuen Testament, Band 1, Jesusworte und ihre Überlieferungen, Neukirchen-Vluyn 1987.
T. Holtz, Jesus Christus, in: EKL, Bd. 2, Göttingen 1989, Sp. 824-831.
A. Raffelt (Hrsg.), Begegnungen mit Jesus? Was die historisch-kritische Methode leistet, Freiburger Akademieschriften Band 1, Düsseldorf 1991.
Th. Schmeller, Brechungen: Urchristliche Wandercharismatiker im Prisma soziologisch orientierter Exegese, Stuttgart 1989.
E. Schüssler-Fiorenza, Zu ihrem Gedächtnis. Eine feministisch-theologische Rekonstruktion der christlichen Ursprünge, München 1988.
A. Schweitzer, Geschichte der Leben-Jesu-Forschung, Tübingen [9]1984.
L. Siegele-Wenschkewitz / L. Schottroff, Artikel »Feministische Theologie«, in: EKL Bd. 1, Göttingen 1986, Sp. 1284-1291.
G. Theißen, Der Schatten des Galiläers. Historische Jesusforschung in erzählender Form, München 1986.
G. Theißen, Soziologie der Jesusbewegung. Ein Beitrag zur Entstehungsgeschichte des Urchristentums, München [6]1991.
H.-T. Wrege, Wirkungsgeschichte des Evangeliums: Erfahrungen, Perspektiven und Möglichkeiten, Göttingen 1981, S. 19ff.

Kapitel 5: Jesus im Persönlichkeitstest – Geht das?

Sachliche Hinweise

Die »Legitimation« für den Fragebogen im Materialheft, S. 5, bot uns Hanna Wolff, Jesus der Mann – Die Gestalt Jesus in tiefenpsychologischer Sicht, Stuttgart 1976. Da wir jedoch ihr methodisches Vorgehen und ihre Schlußfolgerungen nicht immer nachvollziehen konnten, haben wir den für die Schüler motivierenden Fragebogen von Psychologie »gereinigt« und so gestaltet, daß er

- den Schüler anregt, sich selbst ein Urteil zu bilden;
- ihn unmittelbar zur Lektüre von Evangelientexten anregt, die entweder im Materialheft oder bei anderen Oberstufenthemen behandelt werden;
- ihn neugierig macht für die Ergebnisse der Leben-Jesu-Forschung und
- er am Ende selbst das Ergebnis mitformuliert:

> Übereinstimmende Meinung vieler Neutestamentler ist, daß es nicht möglich ist, ein Persönlichkeitsbild des Jesus von Nazareth zu entwerfen; daß es jedoch sinnvoll ist, typische Merkmale der Botschaft und des Handelns Jesu aufzuzeigen.

Im Gegensatz zu vielen Exegeten unternimmt Hanna Wolf den Versuch, den psychologischen Typ von Jesus zu bestimmen, und kommt dabei zu dem Ergebnis, daß Jesus ein *Mann des Gefühls* ist, während Buddha ein Denktyp sei, der seine Lehre beweisen und zu logischen Schlüssen veranlassen wolle. Muhammad, der Mann des Kampfes und der Selbstdurchsetzung, wäre demgegenüber als extrovertierter Intuitionstyp zu bezeichnen.
»Offensichtlich liegen die psychologischen Voraussetzungen bei Jesus völlig anders, wie der Vergleich deutlich macht ... er stellt einen introvertierten Gefühlstyp dar ... seine Hauptfunktion, das Gefühl, hat es mit Werten zu tun, die Macht und Gegenwart sind. Sie fordern heraus ... Wer eine solche Haltung einnimmt, bei dem steht das Denken nicht im bestimmenden Mittelpunkt, vielmehr im Beiläufigen, im Schatten.« (a.a.O., S. 110, 146)

Didaktische Hinweise zu Kapitel 5 und 6

Der Fragebogen (Materialheft, S. 12) eignet sich für *Kleingruppen- oder Partnerarbeit.* Er kann unterschiedlich eingesetzt werden:

- als Motivation und Einstieg zu Kapitel 4: Die Schwierigkeit, eine Biographie Jesu zu schreiben;
- zur abschließenden Überprüfung der in Kapitel 4 dargestellten Ergebnisse der neueren Exegese.

Kommt die Klasse zu dem »negativen« Ergebnis, daß es nicht geht, ein Persönlichkeitsprofil von Jesus zu erstellen, wird der Vergleich des psychologischen Testbogens mit den »Jesus-Typen« unterschiedlicher Künstler (Materialheft, S. 13) aufregend sein: Große Künstler haben sich offensichtlich nicht unbedingt von den neuesten exegetischen Erkenntnissen leiten lassen, wenn es um die Darstellung *ihres* eigenen Jesusbildes ging, das vielmehr unmittelbar aus den Quellen der Evangelien, der persönlichen Begegnung und Intuition gespeist wurde.

Kapitel 6: Christusbilder in der Kunst

Didaktische Hinweise

vgl. vorausgegangenes Kapitel.

Literatur

Grundlegend:
H. Schwebel, Das Christusbild in der bildenden Kunst der Gegenwart, Gießen 1980.

Hier finden sich zu Emil Noldes »Abendmahl« folgende Ausführungen (S. 54f.):

Noldes erstes Christusbild ist das »Abendmahl« aus dem Jahr 1909. Im autobiographischen Rückblick »Jahre der Kämpfe« berichtet der Künstler über die Entstehung dieses Bildes: »Mit dünnen Bleistiftstrichen zeichnete ich hart und spitz dreizehn Menschen auf ein Leinen hin, den Heiland und seine zwölf Apostel, um einen Tisch sitzend in der lauen Frühlingsnacht, in der Nacht, bevor das große Leiden Christi kam. Es waren die Stunden, in denen Christus sich in seinem großen Erlösergedanken den geliebten Jüngern offenbarte.«
Der existentielle Ort, an dem sich der Künstler befindet, ist der der Mystik. Der Malvorgang wird als Ekstase beschrieben: »Ich malte und malte, kaum wissend, ob es Tag oder Nacht sei, ob ich Mensch oder Maler nur war.« Bibelbuchstaben und Dogma werden bewußt übersprungen; der Künstler hat das Empfinden einer unmittelbaren göttlichen Einwirkung: »Ich mußte künstlerisch frei sein – nicht Gott vor mir haben wie einen stahlharten assyrischen Herrscher, sondern Gott in mir, heiß und heilig wie die Liebe Christi.« Farbe und Licht geben der Szene ein »unwirklich Visionäres«. Um einen Tisch gedrängt, erblicken wir Christus und seine Jünger, als communio dargestellt. Die Gesichter der Jünger sind derb, kantig maskenhaft; ihre Gebärden sind voll naiver Innigkeit. Die Farbigkeit bewegt sich zwischen Grün, Blaugrün und Blau einerseits und Rot als komplementärem Farbkontrast andererseits, was der Szene jenes Unwirkliche, mystisch Geschaute verleiht. Hinzu tritt »das grüngoldene magische Farblicht« der Gesichter (Werner Haftmann). Christi Antlitz – aus sich selbst aufleuchtend – wird verzückt, ekstatisch enthoben. Er selbst, Gelb in Rot, sitzt zentral im Kreis der Jünger; unter seinem Leibgewand, dem einzigen Weiß des Bildes, steht optisch im Mittelpunkt der blaue gläserne Kelch, den Christus in seiner Rechten hält.

Weiterführend / alternativ:
I. Möller (Hrsg.), Anstöße. Theologie im Schnittpunkt von Kunst, Kultur und Kommunikation, Darmstadt 1991.
G. Rombold / H. Schwebel, Christus in der Kunst des 20. Jahrhunderts, Freiburg u.a. 1983.
O. v. Simon, Das Christusbild in der Kunst, in: TRE 17, 1988, S. 76ff.

Kapitel 7: Ergebnisse der internationalen Jesusforschung

Sachliche und didaktische Hinweise sowie Literatur

finden sich bei Kapitel 4, Seite 27ff.

Kapitel 8: Menschengruppen, denen sich Jesus besonders zuwandte

Ergänzendes Material

Wolfgang Stegemann: Arm und reich in neutestamentlicher Zeit

»Reichtum drückte sich vor allem in Großgrundbesitz aus. Überall im Römischen Reich herrschte eine ungeheure Besitzkonzentration. In Nordafrika zum Beispiel war die Hälfte des dortigen Grundbesitzes in den Händen von nur 6 Großgrundbesitzern. Dagegen kam es vor, daß sich über 60 Bauernfamilien ein Stück Land von 2.200 qm teilen mußten. Als besonders reicher Mann in Jerusalem galt Nikodemon ben Gurion. Er soll seiner Tochter eine Morgengabe von einer Million Golddenaren mitgegeben haben. Ein solcher Golddenar hatte die Kaufkraft von 300 Laib Brot à 500 Gramm. Das Bett dieser Tochter soll einen Wert von 12.000 Golddenaren gehabt haben. Dafür hätten 1.500 Tagelöhner ein Jahr lang arbeiten müssen. Wie sonst überall lebten auch in Israel die reichen Leute in der Stadt (zumal in Jerusalem). Sie gehörten in vielen Fällen der Priesteraristokratie an. Auch unter den Rabbinen gab es Reichtum. Rabbi Tarphon besaß viele Felder und Sklaven. Er selbst bezeichnete jemanden als reich, der 100 Weinberge und 100 Äcker besitzt, sowie 100 Sklaven, die in ihnen arbeiten. Die Reichen besaßen in den Städten Paläste, auf dem Lande hatten sie ihre Villen. Meistens waren ihre Häuser luxuriös ausgestattet, so daß allein das Inventar einen Wert von mehreren Millionen darstellte. Als besonderes Kennzeichen des Reichtums galten gesellige Gastmähler, zu denen man reiche Freunde und Nachbarn oder seine Verwandten einlud. Ihnen wurden dann die auserlesensten Genüsse aus allen Herren Ländern vorgesetzt....

In Israel galt (bis etwa Ende des 2. Jahrhunderts n. Chr.) ein jährliches Einkommen von 200 Denaren als Existenzminimum einer Familie (mit 5-6 Mitgliedern). In einem Lehrsatz der Rabbinen wird dieser Betrag als Grenze zur absoluten Armut beschrieben, d.h. wer ein jährliches Einkommen von mehr als 200 Denaren hatte, durfte nicht mehr die Möglichkeit des jüdischen Almosenwesens in Anspruch nehmen. Diese Summe war wohl auch der Betrag, den ein Tagelöhner, sofern er regelmäßig Arbeit bekam und man die Fest- und Feiertage berücksichtigt, in einem Jahr verdienen konnte. Der Tagelohn betrug 1 Denar (oder 3-6 Sesterzen). Will man sich die Kaufkraft dieser Summe vergegenwärtigen, so ist zu bedenken: 1 Denar entsprach der Kaufkraft von 12 Laib Brot à 500 Gramm. Bei einer sechsköpfigen Familie reichte also der Jahreslohn dazu aus, pro Familienmitglied den Gegenwert von 400 Laib Brot im Jahr zu kaufen. Äße man nur Brot, so entspräche dies einer täglichen Kalorienmenge von 1.400 kcal. Selbst wenn man in Rechnung stellt, daß die kleinen Kinder einen günstigeren Kalorienbedarf haben als die schwer arbeitenden Eltern, so zeigt dies deutlich, daß diese Familien an der Hungergrenze existierten. In diesem Beispiel sind im übrigen noch nicht die Kosten für andere Nahrungsmittel, auch etwa für Wasser, das in manchen Gegenden nicht umsonst zu erhalten war, geschweige denn für Kleidung, berücksichtigt. Schon für einen Sklaven kostete die Kleidung etwa 30 Denare. Ein Obergewand allein konnte 20 Denare teuer sein. ...

Betrachtet man diese nüchternen Zahlen, so ist deutlich, daß es schon einer einträglichen Beschäftigung bedurfte, um eine Familie zu ernähren. Konnte denn ein Handwerker, wie der Vater Jesu, seine große Familie (nach Mk 6,3 fünf Buben und mehrere Mädchen) überhaupt ernähren? Joseph war Zimmermann. Auch ein qualifizierter Handwerker – zumal in einem kleinen Flecken wie Nazareth in Galiläa – verdiente selten mehr als ein Tagelöhner. Selbst bei 400 Denaren im Jahr wird es der Familie Jesu noch am Nötigsten gefehlt haben. Damit hätte sie sich allerdings nicht von ihren Nachbarn auf dem Lande unterschieden. Ein Kleinbauer, der eine Fläche von ca. 3 Hektar bewirtschaftete, kam bei Berücksichtigung der wichtigsten Abgaben – des ›Zehnten‹ – und Steuern auf einen kärglichen Betrag von etwa 150 Denare im Jahr. ... Die Situation von Frauen und Kindern in der Unterschicht konnte sich nach dem Tod des Ehemanns oder Vaters dramatisch verschlechtern. Wir wissen von Einzelfällen, in denen etwa die Familie eines Schuhmachers nach dessen Tod nur darum finanziell überleben konnte, weil die Töchter als Prostituierte den Lebensunterhalt der Familien gewährleisteten.«

In: Diakonie – biblische Grundlagen und Orientierungen. Ein Arbeitsbuch, hrsg. von Gerhard K. Schäfer und Theodor Strohm, Heidelberger Verlagsanstalt, Heidelberg 1990 (Veröffentlichungen des Diakoniewissenschaftlichen Instituts an der Universität Heidelberg, Bd. 2), S. 351ff.

Exkurs: War Jesus verheiratet?

»Es ist anzunehmen, daß Jesus verheiratet war, denn ein unverheirateter Rabbi wäre als Ärgernis empfunden worden.« – So Schalom Ben-Chorin (vgl. Materialheft, S. 19). Diese These läßt sich aber nicht beweisen: Es hat unverheiratete Rabbinen gegeben, wie z.B. Ben-Azzai, der um 110 n. Chr. gelebt hat und der auf den deswegen geäußerten Vorwurf eines Kollegen zur Antwort gab: »Was soll ich tun? Meine Seele hängt an der Tora (und da bleibt für die Ehe keine Zeit); mag die Welt durch andere erhalten werden.« (Zit. bei Strack-Billerbeck I, 1956, S. 807).

Auch war Jesus primär kein eigentlicher Rabbi im Sinne der damaligen Rechts- und Schriftgelehrten, sondern ein berufener Charismatiker, der zuvor wohl als armer Wanderarbeiter tätig war. »Dies könnte erklären, warum er anscheinend nicht geheiratet hatte«, meint Chr. Burchard (a.a.O., S. 15). Aber auch dafür gibt es keinen zwingenden Beweis.

Einzelheiten zur Berufstätigkeit und wahrscheinlichen Ehelosigkeit Jesu finden sich bei W. Bösen, Galiläa als Lebensraum und Wirkungsfeld Jesu. Eine zeitgeschichtliche und theologische Untersuchung, Freiburg u.a. 1985, S. 124ff. (Bauhandwerker); S. 130ff. (War Jesus verheiratet?).

Didaktische Hinweise

Wir schlagen vor, die Artikel *Arme, Kinder, Zöllner, Dirnen* als Hauslektüre aufzugeben mit der Arbeitsanweisung, die wichtigsten Aussagen zu markieren und Fragen zum Inhalt zu notieren.

Zum Artikel *Frauen* findet sich im Materialheft, S. 17, eine Anleitung für eine Kleingruppenarbeit.

Das Foto S. 17 oben ermöglicht einen thematischen Vergleich »Jesus und die Frauen« in den Evangelien und im Film »Jesus von Montreal«.

Literatur

»Arme«: L. Schottroff / W. Stegemann, Jesus von Nazareth – Hoffnung der Armen, Stuttgart u.a. 1978.
W. Stegemann, Arm und reich in neutestamentlicher Zeit, Heidelberg 1990, S. 351ff.

»Frauen«: E.S. Gerstenberger / W. Schrage, Frau und Mann, Stuttgart u.a. 1980 (UTB)
Die Frau im Urchristentum, Quaestiones Disputatae 95, Freiburg u.a. 1983.

»Kinder«: R. Lachmann, Artikel »Kind«, in: TRE 18, S. 156ff., bes. S. 157.
Zu Mk 10: J. Gnilka, Das Evangelium nach Markus, EKK II / 2, Einsiedeln u.a. 1979 z. St.

»Kranke«: K. Seybold / U.B. Müller, Krankheit und Heilung, Stuttgart u.a. 1978 (UTB).
U.B. Müller, Artikel »Krankheit«, in: TRE 19, 1990, S. 684f. (vor allem zu »Dämonenbesessenheit« und »Aussatz«).

»Zöllner«: F. Herrenbrück, Jesus und die Zöllner. Historische und neutestamentlich-exegetische Untersuchungen, Tübingen 1990.

Kapitel 9: Der Jude Jesus

Sachliche Hinweise

In seinem Artikel »Judentum und Jesusbild« beschreibt Schalom Ben-Chorin Wandlungen im Jesusverständnis seit dem 19. Jahrhundert:

»Das Jesusbild des Judentums hat jahrhundertelang unter einer Deformation gelitten, die sich in der sogenannten ›Toledot Jeschu‹-Literatur niederschlägt. Es handelt sich dabei um eine Sammlung von Legenden, die die Berichte der Evangelien sozusagen mit einem negativen Vorzeichen wiedergeben. Diese Legenden reichen bis zu talmudischen Quellen zurück, liegen heute aber in einer mittelalterlichen Fassung aus der Zeit der Kreuzzüge, einer Zeit schwerster Judenverfolgungen, vor. Der Historiker Heinrich Graetz bemerkt hierzu: ›Die Christen vergossen unser Blut, wir vergossen nur Tinte.‹ Die ›Toledot Jeschu‹ sind also die Tinte wider das Blut.
Erst im 19. Jahrhundert trat hier eine gewisse Entspannung ein. Vertreter der Wissenschaft des Judentums, der Aufklärung und einer liberalen Theologie versuchten, in apologetischem Sinne, die Schuld der Juden am Tode Jesu zu entkräften, um so eine Wurzel des Antijudaismus auszurotten. Die eigentliche Wende aber erfolgte 1922 mit dem Erscheinen des Buches ›Jesus von Nazareth‹ von Joseph Klausner, weiland Professor für Neuhebräische Literatur und Geschichte des Zweiten Tempels an der Hebräischen Universität zu Jerusalem. Klausners Buch in hebräischer Sprache ist das erste wissenschaftliche Werk über das Leben Jesu von jüdischer Seite. Jesus wird bei ihm als Lehrer des Judentums dargestellt, der aber zugleich gewisse unjüdische Züge aufweist, die zur Sprengung des nationalen Rahmens führen. Der besondere Wert dieses klassischen Buches liegt in der Fülle des beigebrachten Materials aus Talmud und Midrasch zur Gestalt Jesu ...
Seit dem Erscheinen des noch heute gültigen Werkes Klausners ist eine ganze Reihe von Büchern jüdischer Autoren über Jesus von Nazareth zu verzeichnen. In den Jahrzehnten seit der Gründung des Staates Israel, 1948, sind mehr jüdische Jesus-Bücher erschienen als in den Jahrhunderten davor. Israelitische Forscher wie Schalom Ben-Chorin, Chaim Cohn und David Flusser haben Darstellungen Jesu in ihren Büchern geliefert, die durchaus positiv motiviert sind. Auch in Romanen jüdischer Autoren wie Schalom Asch und Max Brod und des hebräischen Dichters Aaron Abraham Kabak wird eine Darstellung Jesu versucht. Diese Darstellungen differieren. Jesus wird als Prophet gesehen, als Freiheitskämpfer, Sozialrevolutionär und Rabbi. Martin Buber hat klargestellt, daß Jesus in keine der uns bekannten Kategorien ganz einzureihen ist.«

In: Neues Lexikon des Judentums, hrsg. von J.H. Schoeps, Bertelsmann Lexikon Verlag, Gütersloh / München 1992, S. 228.

Schalom Ben-Chorin, ursprünglicher Name Fritz Rosenthal, geboren am 20.7.1913 in München, studierte in seiner Heimatstadt Germanistik, Theater- und Religionswissenschaft. 1935 Emigration nach Palästina. Gründete 1958 in Jerusalem die Har-El-Gemeinde als erste jüdische Reformgemeinde. Als Schüler Martin Bubers bemüht er sich um ein besseres Verhältnis zwischen Juden und Christen sowie zwischen Israelis und Deutschen. 1961 Mitbegründer der »Arbeitsgemeinschaft Juden und Christen« beim Deutschen Evangelischen Kirchentag. Tätigkeiten als Gastprofessor, Dozent und Lehrbeauftragter an den Universitäten Jerusalem, München und Tübingen.

Ganz anders klingt eine Stimme aus dem orthodoxen Judentum:

»... in seinem Sendschreiben an die jemenitischen Gemeinden schreibt Maimonides, Jesus habe niemals beabsichtigt, eine neue Religion zu gründen. Er spricht ihn von dieser Schuld völlig frei und hält ihn für einen Irrlehrer und Lügenpropheten, der deshalb von den jüdischen Rabbinen zum Tode verurteilt worden ist. (Er verbindet diese Angelegenheit nicht mit den Römern! – so wie es gewisse Juden heute tun, die glauben, sich mit den Worten ›Nicht wir haben Jesus gekreuzigt, sondern die Römer‹ entschuldigen zu müssen ...) Maimonides' Aussagen sind eindeutig: Juden haben diesen Menschen Jesus hingerichtet, und damit ist die Sache für uns abgeschlossen.

Aus dem Klang Ihrer Worte hört man eine tiefe Verachtung des Christentums heraus.

Ja, sehr, sehr tief.

Warum? Weil die Christen sich an den Juden vergangen haben?

Nein. Was die Menschen einander Böses antun, kann keine Grundlage für ein Urteil sein. Aber das Christentum ist eine Mißhandlung des Judentums durch die heidnische Welt, ohne jeden Bezug auf die Taten der Christen gegen die Juden; eine Vergewaltigung in terminologischer und ideologischer Hinsicht.

Sie meinen den Glauben an die Trinität?

Nein, ich meine die Aufhebung der Tora und der Mitzwot im Namen des Judentums. Das hat der Islam nicht gemacht. Der Islam akzeptiert sicherlich nicht unsere Tora und die Mitzwot, aber er verlangt auch nicht, daß Tora und Mitzwot im Judentum aufgehoben werden müssen, so wie es vom Christentum postuliert wird. Warum verachte ich das Christentum? Weil das Christentum es wagt, zu behaupten, der Tanach, die hebräische Bibel, sei ein christliches Buch.«

Jeshajahu Leibowitz mit Michael Shashar, Gespräche über Gott und die Welt, Dvorah Verlag, Frankfurt 1990, S. 76, 78.

Jeshajahu Leibowitz, geboren am 28.1.1903 in Riga. Studium der Chemie in Berlin (Promotion 1924) und der Medizin in Heidelberg und Basel (Promotion 1934). Emigration nach Palästina. Seit 1961 Professor (jetzt emeritiert) für Biochemie und Neurophysiologie. Seit seiner Jugend Mitglied der religiös-zionistischen Bewegung »Misrachi«. Streng orthodoxer Jude, der traditionelle Religionsausübung von zionistischer Staatspolitik geschieden wissen möchte und darum viel Kritik in Israel erfahren hat. Die Gebote der Halacha müssen um ihrer selbst willen erfüllt werden, ohne den Blick auf für heutige Menschen nützliche Nebenfunktionen. Seiner Meinung nach fehlt ihnen nämlich, wie er einmal äußerte, »jeglicher Bezug zu unserer heutigen Realität«.

Ergänzendes Material / Exkurs

Zum Problem »Antijudaismus« im Johannes-Evangelium

Erst nach 70, bis zum Anfang des 2. Jh. n. Chr. schließt das erstarkte pharisäische Judentum Ketzer aus der Synagoge aus – oft mit großem Eifer unter Hinweis auf 4. Mose 25,6-13! Aus dieser Epoche stammt auch der Ketzerspruch (*birkat-ha-minim*) aus dem Achtzehnbittengebet, in das er erst damals hineinkam: »Den Abtrünnigen sei keine Hoffnung, und die überhebliche Herrschaft rotte schnell aus in unseren Tagen. Und die Nazarener und die Minim mögen plötzlich zugrunde gehen. Sie mögen ausgewischt werden aus dem Buch des Lebens und mit den Gerechten nicht hineingeschrieben werden.«

Jetzt konnten die Judenchristen nicht mehr Mitglieder der Synagogengemeinde sein, da sie hierauf nicht mehr mit »Amen« antworten oder gar als Vorbeter fungieren konnten. Auch die heimliche Sympathisantenschaft mit den Judenchristen war nicht mehr gut möglich, oder jedenfalls gefährlich (vgl. Nikode-

mus in Joh 3,1-2 und Josef von Arimathäa in 19,38). Synagogenausschluß zog, wie K. Wengst beschreibt, wirtschaftlichen Boykott nach sich:
»So lautete eine rabbinische Stelle: ›Man verkauft nicht an sie (sc. die *minim*), und man kauft nicht von ihnen, man macht keine Geschäfte mit ihnen, man lehrt ihre Söhne kein Handwerk, und man läßt sich von ihnen nicht heilen, weder eine Heilung des Besitzes (sc. Sklave und Vieh) noch eine Heilung der Personen.‹ Hiernach wurden also gegenüber Ketzern wirtschaftliche Boykottmaßnahmen verhängt und ihre Söhne faktisch einem Ausbildungsverbot unterworfen, wenn man bedenkt, daß das Handwerk weithin die einzige Möglichkeit der Berufsausbildung bot. In Kurzfassung heißt es ähnlich an anderer Stelle: ›Man soll mit den *minim* keine Geschäfte machen und sich nicht von ihnen heilen lassen, auch nicht für das Leben einer Stunde.‹ Nach Rabbi Tarphon (um 100) ist ein Häretiker schlimmer als ein Heide; von ihm wird überliefert: ›Wenn ein Verfolger mich verfolgt, so würde ich in einen Götzentempel eintreten, aber nicht würde ich in ihre (sc. der *minim*) Häuser eintreten. Denn Götzendiener kennen ihn (sc. Gott) nicht und verleugnen ihn; jene aber kennen ihn und verleugnen ihn‹. Entsprechend dieser Einschätzung wurden die Häretiker schlechter behandelt als Heiden, wie schon die oben zitierten Stellen zeigen und wie besonders das folgende Zitat deutlich macht: ›Die Heiden und die, welche Kleinvieh weiden oder züchten, zieht man nicht herauf, stößt sie aber auch nicht hinab. Die *minim* und die Abtrünnigen und Denunzianten stößt man hinab und zieht man nicht herauf‹.
In diesem Kontext ist daher die *birkat haminim* als ein Mittel zur ›innerjüdischen Frontbegradigung‹ zu verstehen, das sich nicht nur – und vielleicht nicht einmal zuerst – gegen Judenchristen richtete, sondern gegen alle Juden, die von der vom pharisäischen Rabbinat vorgezeichneten Linie abwichen‹.«
Die Situation der johanneischen Gemeinde als einer vom erstarkten orthodoxen Judentum bedrängten Minderheit sollte bei der Beurteilung der antijüdischen Äußerungen immer mitbedacht werden. Nur eine unkritische Auslegung könnte heute noch diesen Antijudaismus fortpflanzen.

K. Wengst, Bedrängte Gemeinde und verherrlichter Christus. Der historische Ort des Johannesevangeliums als Schlüssel zu seiner Interpretation, BThSt Bd. 5, Neukirchener Verlag des Erziehungsvereins GmbH, Neukirchen-Vluyn 1981, S. 54, 58f.

Exkurs

Ein jüdisches Leben Jesu. Die verschollene Toledot-Jeschu-Fassung Tam ū-mū'ād

Der orthodoxe jüdische Gelehrte *Jeshajahu Leibowitz* bezieht sich in seiner Aussage über Jesus auf *Maimonides* (1135-1204), für den Jesus ein Irrlehrer und Lügenprophet ist und deshalb von jüdischen Rabbinen zum Tode verurteilt wurde. Wahrscheinlich stützt sich Maimonides auf die »Toledot Jeschu«, ein volkstümliches jüdisches »Leben Jesu«, das nach Berichten der Lyoner Bischöfe Agobard und Amolo im 9. Jahrhundert im Umlauf war. Die Datierung wird unter Fachgelehrten zwischen dem ersten und dem zehnten Jahrhundert angesetzt. Auch Luther hatte Kenntnis der »fabula« der Toledot.
Wir geben einige Auszüge aus der Ausgabe von G. Schlichting wieder, da die Wirkungsgeschichte der Toledot Jeschu im christlich-jüdischen (Streit)-Gespräch über Maimonides, Luther, Voltaire, Salisbury bis in unsere Zeit (s. Leibowitz) weitergeht. Der Text bietet die profilierteste Fassung des Volksbuches mit dem Obertitel Tam ū-mū'ād (»Ganz und bezeugt«). Sie wurde 1982 erstmals veröffentlicht: Günther Schlichting, Ein jüdisches Leben Jesu, Die verschollene Toledot-Jeschu-Fassung Tam ū-mū'ād, Einleitung, Text, Übersetzung, Kommentar, Motivsynopse, Bibliographie (Wissenschaftliche Untersuchungen zum Neuen Testament 24), J.C.B. Mohr (Paul Siebeck), Tübingen 1982.

Für den jüdischen Glauben war der Anspruch Jeschus, Gott zu sein, unerträglich. Es galt also, den entsprechenden Glauben der Christen an ihn zu entkräften und den Gegenbeweis zu führen. Dem Bekenntnis »Geboren von der Jungfrau Maria« wird der aus Jeschus Anmaßung abgeleitete Satz entgegengehalten: »Ein Bastard und ein Sohn der Menstruierenden ist er« (a.a.O., S. 33).

Aus der Übersetzung der »Toledot Jeschu«: »Nach neun Monaten kamen die Tage heran, wo sie gebären sollte. Da ging sie nach Bethlehem und ließ sich bei einer Krippe nieder, wo man die Kamele fütterte. Dort gebar sie einen Sohn und brachte den Wurm nach acht Tagen zur Beschneidung zu den Gelehrten der Zeit. Sie ließ ein Gerücht ausgehen, als hätte sie einen Sohn ohne männliche Beiwohnung geboren. Aber nur wer einfältig ist, wird ihr glauben. So hörte keiner auf sie und ihr Lügengerede. Sie beschnitten ihn und nannten ihn Jeschu ... Der Name aber bedeutet: ›Sein Name werde weggewischt und auch sein Andenken!‹« (a.a.O., S. 77)

Mirjams Geständnis: »Sofort fiel sie auf ihr Angesicht, wand sich, und Zittern packte sie. Da bekannte sie und sprach: ›Die Worte sind wahr, und ihr habt gut (daran) getan, auf meinen Sohn zu sehen, weil er ein Bastard und Sohn der Menstruierenden ist. Folgendermaßen war die Tat des Josef Panderi: Er wohnte mir trügerisch bei und verunreinigte mich ... So wohnte der Gottlose mir mehrmals bei; er überredete mich, und ich ließ mich überreden‹« (a.a.O., S. 91).

Jeschus Steinigung wird ausgerufen, ohne daß sich Entlastungszeugen melden: »Dann ließen sie einen Herold vierzig Tage lang täglich ausrufen: ›Jeschu, der Nazarener, wird zur Steinigung hinausgeführt, weil er Zauberei getrieben und Israel verlockt und abtrünnig gemacht hat. Wer etwas zur Rechtfertigung weiß, komme und bringe es vor!‹ Aber keiner machte den Schnabel auf und zirpte, um irgend etwas zu seiner Rechtfertigung vorzubringen« (a.a.O., S. 149).

Jeschus Steinigung am Passahvorabend: »(Endlich) führten sie den Gottlosen, sein Name werde ausgelöscht!, selbst vor, und an diesem Tage war Passahvorabend. Sie warteten mit ihm nicht bis zum Fest. Noch an dem(selben) Tage führten sie ihn zur Steinigungshütte hinaus und steinigten ihn« (a.a.O., S. 151).

Der Übersetzer und Bearbeiter der Toledot, ein evangelischer Bibelwissenschaftler und Judaist, sieht in dem polemischen Werk ein Zeugnis des Ringens um die Gestalt Jesu und bekennt im Vorwort: »Daß ich als junger Mensch in meiner Studienzeit aufgrund der Urteile christlicher und jüdischer Gelehrter der Vergangenheit die Toledot Jeschu zunächst für eine Schmähschrift gehalten habe, bedaure ich heute. Bei weiterer Vertiefung in die Geschichte dieses Volksbuchs wurde ich gewahr, daß es sich vielmehr um eine Äußerung des jüdischen Überlebenskampfes handelt, deren tiefgreifende theologische Wurzeln gerade den christlichen Leser zu einer Neubesinnung herausfordern. Auch in dieser Beziehung will diese Arbeit ein Beitrag zur geistigen Wiedergutmachung sein. Hinter dem Werk, das ich jetzt als Frucht einer Arbeit von vielen Jahren im Ruhestand vorlege, steht eine lebenslange Beschäftigung mit diesen Texten.«

Ergänzendes Material

Jakob J. Petuchowski, einer der letzten großen Vertreter des deutschen gelehrten Judentums, Professor für jüdisch-christliche Studien am Hebrew Union College, Cincinnati/ USA, beschreibt das *Verhältnis seines Judeseins zum Neuen Testament*:

»Jedes Wort der Torah, so heißt es im Judentum, kann auf siebzig verschiedene Arten erklärt werden. Ich rechne daher mit der Möglichkeit, daß man im Neuen Testament *eine* dieser siebzig Arten antreffen mag. Es ist nicht die Art, welche sich die Mehrheit der Juden zu eigen gemacht hat. Es ist auch nicht die Art, die mir persönlich, unter Ausschluß der anderen neunundsechzig Arten, einleuchtet. Aber ich erkenne an, daß es sich beim Neuen Testament um *eine* Art handelt, in der die göttliche Botschaft an das biblische Israel von vielen, gewiß nicht von allen Menschen verstanden werden kann. Es ist eben eine Art, in der der Gott Israels, der Gott *aller* Menschen, einen Teil der nichtisraelitischen Menschheit zu sich gerufen hat; und es ist auch eine Art, die Anklänge an die mir persönlich mehr vertrauten Arten hat.

Dabei will ich aber das Neue Testament nicht ›jüdischer‹ machen als es ist. Die Evangelien, wie wir sie im Neuen Testament vorfinden, sind *nach* den paulinischen Briefen entstanden und spiegeln bereits die paulinische Lehre wider. Sie setzen also das Jesusverständnis der paulinischen Kirche voraus. Wenn man das versteht, dann kann man die Trennung zwischen dem ›jüdischen Jesus‹ und dem ›christlichen Paulus‹, wie sie in der alten ›Tübinger Schule‹ versucht wurde, nicht mehr nachvollziehen. Jesus ist der *Christus* auch für die Evangelisten – und das in einem Sinne, der das jüdische Messiasverständnis in all seiner Vielfältigkeit ein für allemal durchbricht.

Man kann natürlich den Versuch machen, zu raten, was für ein ›historischer Jesus‹ dahinter steht, aber man muß sich dabei bewußt sein, daß man hier nur *raten* kann. Diesen Versuch mache ich selbst ziemlich oft. Aber notwendig für mein Verständnis der Lehre des Neuen Testaments ist dieser Versuch *nicht*. Ich kann es auch nicht vertragen, wenn mir jemand die im Neuen Testament erwähnten Wunder ›natürlich‹ zu erklären sucht oder sie gar rationalistisch ›wegerklärt‹. Mir geht es nämlich beim Neuen Testament genauso wie bei der Hebräischen Bibel darum, zu verstehen, was der Erzähler mit seinen Wundergeschichten ausdrücken will – und überhaupt nicht darum, ob es übernatürliche Wunder gibt oder ob derartige Wunder tatsächlich geschehen sind.

All das bedeutet, daß ich das Neue Testament mit den Augen eines Wissenschaftlers lese, wie ich auch als Akademiker die Hebräische Bibel und die rabbinische Literatur mit den Augen eines Wissenschaftlers lese. Ich bin ja schließlich nicht orthodox oder buchstabengläubig, und ich habe mich, was meinen religiösen Glauben betrifft, vor der Wissenschaft nicht zu fürchten. Dennoch lese ich die Hebräische Bibel mit einem etwas anderen Blick, als ich etwa Fragmente der vorsokratischen griechischen Philosophie oder das Geschichtswerk des Herodot lesen würde.

Denn ich stehe ja in einer Tradition, die in dieser Bibel das Wort Gottes gehört haben will und die aufgrund dieser Literatur eine Weltanschauung und einen Lebensstil geschaffen hat, die ich als für mich gültig annehme.

Ähnlich, wenn auch nicht ganz gleichartig, geht es mir mit der Lektüre des Neuen Testaments, einer Literatur, der ich doch näher stehe als den heiligen Schriften anderer nichtjüdischer Religionen. Ich finde nämlich im Neuen Testament Verwandtes und auch Fremdes. Und so muß es auch sein. Denn diese Schriften sind von meinen eigenen Verwandten verfaßt worden. Sie stammen aus einer Welt, in der auch das mir näherstehende rabbinische Schrifttum entstanden ist, und sie bringen Kunde von dem Gott, der auch mein Gott ist. Es ist aber eine Kunde, die sich meines Erachtens an jene Mitmenschen wendet, die von der ursprünglichen sinaitischen Kunde unberührt geblieben sind und die nun auf dem Weg über den Kalvarienberg zu dem Gott vom Sinai geführt werden. Und das kann ich nur mit hoher Achtung und großem Respekt lesen. Das Neue Testament würde also sein Interesse für mich verlieren, wenn man es mir entweder ›verjüdischen‹ oder ›verheidnischen‹ wollte. Das Neben- und das Miteinander von Verwandtem und Fremdem gibt ihm eben gerade den Charakter,der mir die Lektüre des Neuen Testaments so interessant macht und mich über die geheimnisvollen Wege Gottes in Ehrfurcht staunen läßt.

So lese ich also als Jude das Neue Testament. Das darf aber nicht verallgemeinert werden. Viele Juden lesen das Neue Testament immer noch nicht. Leider lesen sie aber das sog. ›Alte Testament‹ auch nicht, von den rabbinischen Schriften ganz zu schweigen. Es ist ihr Verlust. Andere Juden schrecken immer noch vor der Lektüre des Neuen Testaments zurück und werden weiterhin davor zurückschrecken, so lange jedenfalls, bis in allen Teilen der christlichen Kirche – nicht nur im Vatikan, sondern auch in der Dorfkapelle, nicht nur in den Katholischen und Evangelischen Akademien der Ersten Welt, sondern auch in der südamerikanischen Befreiungstheologie – jede Form einer antijüdischen Auslegung des Neuen Testaments verurteilt und aufgegeben worden ist.

Dann erst wird sich die gesamte Glaubensgemeinschaft der Juden zu der Erkenntnis durchringen können, die Moses Maimonides bereits im 12. Jahrhundert ausgesprochen hatte: daß durch Jesus (und, wie Maimonides hinzufügte, auch Mohammed) ›ferne Inseln und viele Völker‹ mit den Worten der Torah und den göttlichen Geboten vertraut gemacht worden sind.«

Jakob J. Petuchowski, Mein Judesein und das Neue Testament, in: Mein Judesein. Wege und Erfahrungen eines deutschen Rabbiners, Herder Spektrum (Band 4092), Verlag Herder, Freiburg 1992, S. 132-134.

Aufgabe:
- Fassen Sie die Hauptaussagen des Textes zusammen.
- Welche Perspektive für das christlich-jüdische Verhältnis entwirft Petuchowski?

Was Juden und Christen eint

»Bevor wir nicht nur auf das spannungsgeladene Verhältnis von Christen und Juden, sondern auch auf die fatale Geschichte ihrer Entfremdung zu sprechen kommen müssen, soll in Erinnerung gerufen werden, was Juden und Christen nach wie vor gemeinsam bleibt. Und erfreulicherweise gibt es heute kein kirchliches Dokument, ob katholisch, evangelisch oder ökumenisch, das im Verhältnis von Juden und Christen nicht von diesen Gemeinsamkeiten ausginge. Und diese Gemeinsamkeiten sind wichtig im Blick auf ein ökumenisches Gespräch der Zukunft.

Unbestritten ist die *jüdische Basis des Christentums*:

1. Jesu Mutter (Mirjam) war Jüdin, und so wuchs Jesus ganz selbstverständlich als Jude in einer jüdischen Familie auf, und zwar im galiläischen Nazaret, ohne zunächst öffentlich hervorzutreten.
2. Der Name, den man ihm gab, war gut jüdisch (hebräisch ›Jeschua‹, Spätform von ›Jehoschua‹ = ›Jahwe ist Hilfe‹), die heiligen Schriften, die er kannte und las, der Gottesdienst, den er besuchte, die Feste, die er feierte, die Gebete, die er sprach: all das war nichts als jüdisch.
3. Er wirkte unter Juden für Juden: seine Botschaft galt dem ganzen jüdischen Volk; die Jünger und Jüngerinnen, die er um sich sammelte, und seine ganze Gefolgschaft waren Juden und Jüdinnen aus der jüdischen Gemeinde.
4. Auch die älteste Gemeinde, die sich nach seiner Verhaftung und Hinrichtung und nach anfänglicher Zerstreuung im Glauben an ihn als den zu Gott Auferweckten wieder gesammelt hatte, waren aramäisch sprechende Jüdinnen und Juden, die sich als eine Gruppe innerhalb des Judentums verstanden.

Und insofern Jesus und seine ihm nachfolgenden Anhänger Juden waren, hat sich trotz einer grauenhaft-konfliktreichen Geschichte *eine bis heute andauernde Gemeinsamkeit* durchgehalten:

- der Glaube an den einen *Gott*, genauer an den einen Gott Abrahams, Isaaks und Jakobs, dem der Mensch als Schöpfer, Erhalter und Vollender von Welt und Geschichte vertrauen darf;
- die Sammlung heiliger *Schriften* (der Tenach oder das ›Alte‹ Testament), welche die Quelle des gemeinsamen Glaubens und zahlreicher gemeinsamer Werte und Denkstrukturen ist;
- der *Gottesdienst*, in dem viele Elemente (Psalmen, viele Grundvollzüge, Gebete, Lesungen) und inhaltlich- religiöse Momente sich durchgehalten haben;
- das *Ethos* der Gerechtigkeit sowie der Gottes- und Nächstenliebe, wie es vor allem die Zehn Gebote zeigen;
- der Glaube an Gottes weitergehende Geschichte mit seinem Volk und dessen *Vollendung* in voller Gemeinschaft mit Gott.

Viel zu wenig aber blieb darüber hinaus im Bewußtsein, was den Juden, die Jesus nachfolgten, und den übrigen Juden *zunächst ebenfalls gemeinsam* war und erst *später* – in einer komplexen Geschichte – *aufgegeben* wurde. Zunächst galt auch für die jüdischen Jesus-Anhänger

- der Vollzug der Beschneidung
- die Heiligung des Sabbats
- die Beachtung jüdischer Feste
- die Befolgung der gesetzlichen Reinheitsforderungen
- bis zur Zerstörung des Tempels auch die Teilnahme am Tempelgottesdienst, wo das ›Schema Israel‹ (›Höre, Israel!‹), das Bekenntnis zum einen und einzigen Gott, erklang und das ›Schemone Essre‹, das Achtzehnbittengebet, sowie andere Gebete gesprochen wurden.

Diese Juden, die Jesus als ihrem Messias nachfolgten, gab es nicht nur in Jerusalem und Palästina; sie missionierten später überall und fanden sich so auch in Griechenland und Kleinasien, in Syrien und in Ägypten. Und so ist es dann nicht überraschend ...,

- daß die junge Christenheit überall nicht nur die jüdische Tradition der spontanen persönlichen Gebete, sondern auch fixierte *liturgische Gebete* übernahm;
- daß in den neutestamentlichen Schriften neben den Psalmen besonders die *Hymnen* aus dem Judentum übernommen, eingepaßt oder auch unter dem Einfluß jüdischer Tradition neu formuliert wurden;
- daß sogar noch bis ins 4. Jahrhundert der Einfluß nicht nur der jüdischen *Exegese* (etwa auf Origenes und Hieronymus), sondern auch der jüdischen *Liturgie* zu beobachten ist, ja, daß in Einzelfällen Christen selbst noch in Konstantinopel, wie Chrysostomos bezeugt, am sygnagonalen Gottesdienst teilgenommen haben.«

Hans Küng, Das Judentum. Die religiöse Situation der Zeit, © R.Piper GmbH & Co.KG, München 1991, S. 422 f.

Didaktische Hinweise

Die Zitate-Sammlung (Materialheft, S. 18) kann von Schülerinnen und Schülern gelesen werden; erste Eindrücke werden gesammelt. Die *Zielsetzung* für den christlich-jüdischen Dialog von *David Flusser* (Materialheft, S. 18 unten) sollte als eine Art *Motto* besonders herausgestellt und markiert werden.
Als *Grundlagentexte* eignen sich die Artikel von *Schalom Ben-Chorin* (Materialheft, S. 19) und *Jakob J. Petuchowski* (Lehrerheft, S. 40f.) zum Thema »Jesus« aus *jüdischer* Sicht sowie der Küng-Text (Lehrerheft, S. 41f.) aus *christlicher* Sicht.
Das Ergebnis einer Gruppenarbeit zu den im Materialheft (Schalom Ben-Chorin-Text) formulierten Aufgaben könnte in einem Protokoll zusammengefaßt werden:

Protokoll zu Schalom Ben-Chorin: Jesus aus der Sicht eines Juden

Vier »negative« Aussagen:
1. Für das Judentum ist Jesus *nicht* der *Messias.*
   Begründung: Nach jüdischer Vorstellung bringt der Messias den *Weltfrieden* und errichtet wieder das davidische Reich Israel.
2. Für das Judentum ist Jesus *nicht* der *eingeborene Sohn Gottes.*
   Begründung: Das Judentum kennt keine Dreifaltigkeit und kann Jesus nicht als zweite Person der Trinität sehen, sondern hält am Bekenntnis fest: »Höre, Israel, der Herr, unser Gott, der Herr ist *einer*« (Dtn 6,4).
3. Für das Judentum ist Jesus *nicht* der einzige Blutzeuge und Gerechte, dessen Sühneleiden als Regulativ für die Schöpfung gesehen wird. Die Tora bleibt jedem zur Erfüllung aufgegeben und ist nicht ein für allemal erfüllt worden durch Jesus.
4. Jesus war *nicht Stifter des Christentums*, sondern ein jüdischer Rabbi, der die Revolution der Herzen gegen eine entartete Gesetzlichkeit predigte.

Vier »positive« Aussagen über Jesus:
1. Die Theologie Jesu stimmt weitgehend mit der der *Pharisäer* überein, seine Lebensweise erregte jedoch Ärgernis bei der sadduzäischen Führungsschicht und bei pharisäischen Schriftgelehrten.
2. Nach einem Kurzverfahren wegen angemaßter Messianität vor dem Hohen Rat wurde Jesus Pontius Pilatus zur Aburteilung übergeben und gekreuzigt. Er soll am dritten Tag – nach dem Glauben seiner Jünger – auferstanden sein.
3. Es ist anzunehmen, daß Jesus verheiratet war.
4. Durch eine Integration Jesu in seine jüdische Umwelt gewinnen die Züge des Nazareners neue Realität, die der Gefahr einer dogmatisch-spiritualisierten Überhöhung zu einer Art »Christus-Gespenst« entgegenwirkt.

Wir schlagen vor, in der Anfangsphase des Grundkurses den Text zu erarbeiten, erste Anfragen und Eindrücke zu formulieren und festzuhalten. Die Erarbeitung von Gesichtspunkten für einen christlich-jüdischen Dialog sollte erst am Kursende erfolgen.

Literatur

Grundlegend:
E.L. Ehrlich, Jesus Christus IX, in: TRE 17, 1988, S. 68-71.
J.J. Petuchowski / C. Thoma, Lexikon der christlich-jüdischen Begegnung, Freiburg 1989.

Weiterführend / alternativ:
D. Flusser, Das Christentum – eine jüdische Religion, München 1990.
F.W. Marquardt, Eine Christologie, Bd. 1: Das christliche Bekenntnis zu Jesus, dem Juden, München 1990, S. 11ff.
J.J. Petuchowski, Mein Judesein und das Neue Testament, in: Mein Judesein. Wege und Erfahrungen eines deutschen Rabbiners, Freiburg u.a. 1992.

Kapitel 10: »Ehrfürchtig die Lehre Jesu studieren«

Sachliche Hinweise / Ergänzendes Material

Da wir im Materialheft zwei Schwerpunkte (Der Jude Jesus; Gandhi) gesetzt haben, bieten wir im Lehrerheft ergänzend zwei philosophische Jesusbilder an (Jaspers, Bloch). Die folgenden Texte eignen sich als Schülertexte. *Didaktische Hinweise* finden sich jeweils im Anschluß an die Texte (Materialheft, S. 20).

Karl Jaspers (1883-1969)

Karl Jaspers, Facharzt für Psychiatrie und Professor der Philosophie in Heidelberg und Basel, beschäftigte sich mit Jesus aus der Sicht des Existenzphilosophen und Religionswissenschaftlers. Jaspers stellte Jesus in eine Reihe mit Sokrates, Buddha und Konfuzius. Sie sind für ihn die »maßgebenden Menschen«, von denen heute noch eine spürbare moralische und reinigende Wirkung ausgehe. »Groß ist ein Mensch, wenn er eine Kraft ausstrahlt, die uns wachsen läßt.« Ein großer Mensch begibt sich aus freiem Entschluß in die Grenzsituation des Leidens und Sterbens. Der Mensch erfährt in Grenzsituationen, wie jeder Halt fraglich wird. Es ist, als werde ihm der Boden unter den Füßen weggezogen. Er erlebt die Angst, in einen bodenlosen Abgrund zu fallen.

Jesus gehört nach Jaspers zu den maßgebenden Menschen, die uns die Erfahrung des Sinns an der äußersten Grenze vermitteln. »Der Sprung aus der Angst zur Ruhe ist der ungeheuerste, den ein Mensch tun kann.« Im Scheitern kann der Mensch erleben, daß ihm, was er sich nicht selber verschaffen kann, gegeben wird. So erfuhr auch Jesus das Scheitern, ohne zu resignieren. Er verzichtete auf weltliche Macht, rief radikal zur Nächstenliebe auf und überwand die Lebensangst. Jaspers ist der Meinung, daß Jesus erst von seinen Anhängern nach dem Tod zum Messias und Gottessohn gemacht wurde. Dieser habe jedoch mit Jesus nichts mehr zu tun.

»Jesus starb am Kreuze jung, dreißig Jahre alt. Er starb seinen Tod in grausamster und entwürdigendster Gestalt ... Er sträubte sich und nahm ihn auf sich als Gottes Willen. Ohne ihn wäre Jesus nicht zum Christus geworden, nicht der Auferstandene zum Gegenstand des Glaubens. Sokrates und Jesus sind durch die Weise ihres herausfordernden Todes und ihres Sterbens Antworten auf die Frage nach dem Tode. In ihnen hat das Abendland sich wiedererkannt auf zwei ganz verschiedenen Wegen: in Sokrates als dem Spiegel der Gelassenheit ..., in Jesus als dem Spiegel des Sterbenkönnens, das in höchster Not und Qual, die über das Maß des für Menschen zu Tragenden hinausgehen, doch den Grund der Transzendenz findet.«

»Was Jesus nicht war, läßt sich leicht sagen. Er war kein Philosoph, der methodisch nachdenkt und seine Gedanken systematisch konstruiert. Er war kein Sozialreformer, der Pläne macht; denn er ließ die Welt, wie sie war, sie ist ja ohnehin am Ende. Er war kein Politiker, der umwälzend und staatsgründend handeln will; nie sagte er ein Wort über die Zeitereignisse. Er hat keinen Kult gestiftet, denn er nahm am jüdischen Kultus in der jüdischen Gemeinschaft teil wie noch die Urgemeinde; er taufte nicht; er hat keine Organisation geschaffen, keine Gemeinde, keine Kirche begründet. Was war er denn?

Der Versuch, Jesus zu charakterisieren, kann drei Wege beschreiten. Man kann ihn psychologisch in seiner individuellen Realität sehen; oder ihn historisch in einem übergreifenden geistigen Zusammenhang wahrnehmen; oder ihn wesenhaft in seiner eigenen Idee erblicken... Als Jesus lebte, glaubten die Jünger mit ihm an Gott, an das Gottesreich und das Weltende. Als Jesus tot war, sind sie auseinander gelaufen. Als sie dann aus der Zerstreuung schnell sich wiederfanden, ist mit ihnen etwas Revolutionie-

rendes geschehen. Sie sahen Jesus als Auferstandenen. Nun glaubten sie nicht mehr nur mit Jesus an Gott, sondern ohne Jesus an den auferstandenen Christus. Das ist der Schritt von der Religion des Menschen Jesus, als einer der Gestalten jüdischer Religion, zur christlichen Religion. Diese gab es nicht, als Jesus lebte...
Der Anschauung des Menschen Jesus, seiner immer noch gegenwärtigen Lebendigkeit scheinen unerschöpflich die Antriebe zu entspringen, und zwar wegen seiner immer sinnvoll bleibenden Radikalität. Jesus bleibt die gewaltige Macht gegen das Christentum, das ihn zu seinem Grunde macht. Er bleibt das Dynamit, das schon oft die weltlichen Erstarrungen des Christentums in seinen Kirchen zertrümmern wollte. Auf ihn berufen sich die Ketzer, die es ernst nehmen mit der Radikalität.«

Karl Jaspers, Die großen Philosophen, Band 1: Die maßgebenden Menschen. Sokrates, Buddha, Konfuzius, Jesus, , S. 178, 188, 199f.

Ernst Bloch (1885-1977)

Ernst Bloch war marxistischer Philosoph, der sich in seinen beiden Werken »Das Prinzip Hoffnung« und »Atheismus im Christentum« eingehend mit der Gestalt Jesu befaßt hat. Er sieht in Jesus einen Rebell der Liebe mit einem Zug nach unten zu den Armen und Verachteten. Nach Bloch hatte Jesus eine Revolution der ganzen Welt im Auge. Er ist ein Umwerter der vorhandenen Welt, ein Zerstörer der bestehenden Herrenmacht. Als Menschensohn ist Jesus Symbol emanzipierter Menschlichkeit; als herrschaftsfreier Mensch ist Jesus Atheist, der den autoritären Himmelsgott entthront und sich an die Stelle Gottes setzt. So befreit Jesus die Menschheit auch von Gott; der Mensch tritt an die Stelle Gottes. Das Jesuswort in Johannes 16,15 »Alles, was der Vater hat, das ist mein«, wird von Bloch in dieser Weise interpretiert.
»Es ist das beste an der Religion, daß sie Ketzer hervorbringt.
Religion ist Re-ligio, Rückverbindung, besonders mit einem mythischen Gott des Anfangs, der Weltschöpfung; daher ist das verstandene Exodus-Bekenntnis zu ›Ich werde sein, der ich sein werde‹, gar zum christentum des Menschensohns und Eschatons keine Religion mehr.
Nur ein Atheist kann ein guter Christ sein, nur ein Christ kann ein guter Atheist sein...
Es gibt geborene Lämmer, diese ducken sich leicht und gern. Das liegt in ihrer Art, zu ihnen hat Jesus nicht gepredigt, gewaltig, wie es in der Schrift heißt. Am wenigsten steht er selbst so gemildert da, wie ihn die sanften Heinriche meinen. Wie ihn die Wölfe vor allem für die Schafe zurecht gemacht haben, damit sie es doppelt bleiben. So still, so unbegrenzt duldsam wird ihr angeblicher Hirte dargestellt, als wäre er sonst wirklich nichts anderes. Der Stifter soll ohne alle Leidenschaft gewesen sein und dennoch, er hatte eine der stärksten: den Zorn. So warf er den Wechslern die Tische im Tempel um, ja vergaß hierbei die Peitsche nicht. Jesus ist also nur dort geduldig, wo es sich um den stillen Kreis der Seinen handelt; er selber scheint deren Feinde durchaus nicht zu lieben.
Für den *Kampf* jedoch, für die *Herbeiführung* des Reichs steht das Wort: ›Ich bin nicht gekommen, Frieden zu senden, sondern das Schwert‹ (Matth 10,34). Desgleichen, also durchaus nicht nur inwendig, sondern auswendig, ausbrennend gedacht: ›Ich bin gekommen, ein Feuer anzuzünden auf Erden; was wollte ich lieber, als es brenne schon‹ (Luk 12,49).
Gewiß betreffen Schwert wie Feuer, das nicht nur zerstörende, auch reinigende, in der Jesuspredigt mehr als bloß Paläste; sie geht auf den ganzen Aeon, der weg muß. Doch voran stehen die Feinde der Mühseligen und Beladenen, die Reichen, die so wenig ins Himmelreich kommen wie – mit voller Ironie des Unmöglichen – das Kamel durchs Nadelöhr. Die Kirche hat das Nadelöhr hernach sehr erweitert und so gewiß ihren Jesus aus dem Blick des Aufruhrs herausgenommen.«

E. Bloch, Atheismus im Christentum. Zur Religion des Exodus und des Reichs, , S. 10,119f.

Kapitel 11: »Niemand kann zwei Herren dienen ...«

Sachliche Hinweise

Der 1987 verstorbene *Andy Warhol* gilt als einer der bemerkenswertesten modernen Künstler. Seine Kunst ist eine »Kunst der USA«: eine junge Kunst, ohne all die Rückblicke auf Jahrhunderte oder Jahrtausende. Dabei ist sie tief und ernst und handelt immer wieder vom Tod. Seine Schöpfungen sind absolut neu, unvermittelt-direkt.
Sein Werk spiegelt die wichtigen Themen unserer Zeit: Massenproduktion der Industriegesellschaft, Massenmedien, Gewalt- und Tötungsmaschinen und vor allem die Stars.
Als Kind einer armen tschechischen Immigrantenfamilie wollte Andy Warhol selbst ein Star werden. Durch seine Leistung und seine Kreativität wurde er zum Superstar und erlebte auch dessen Einsamkeit. Der *Introvertierte*, der sich oft zurückzog, der von seinem christlichen Glauben wenig redete und der seine Mutter extrem liebte, wirkte durch seine Kunst *nach außen* wie kaum ein anderer (so Peter Ludwig). Sein Name ist in der ganzen Welt bekannt, und seine Arbeiten, die bewunderten »Ikonen« der Pop-Art, sind unverkennbar und beeinflussen immer wieder die Kunst der jüngeren Generation.

Didaktische Hinweise

Wir haben als Hinführung zu einem Wort aus der *Bergpredigt* ein Foto aus einer Sparkassenwerbung ausgewählt: Besucher in einer Warhol-Ausstellung (»Dollar Signs«). Anweisung an eine Schülerin / einen Schüler: »Schreiben Sie einen Gedanken zum Bild auf ein Blatt und reichen Sie dieses zur Ergänzung weiter.« ... Danach Auswertung und Gespräch.
Meine Gedanken: Moderne Museen als Tempel unserer Zeit. Andächtig, fast anbetend stehen die Menschen vor den Dollar-Ikonen eines Superstars. Armer Jesus mit seinem Wort aus der Bergpredigt! Aber vielleicht stand Warhol mit seinen »Dollar Signs« Jesus näher als viele glauben, weil seine Bilder letzte Fragen aufwerfen, nach dem, was ein Leben tragen kann in der Glitzerwelt einer Erlebnisgesellschaft.

Literatur

Kynaston McShine (Hrsg.), Andy Warhol Retrospektive, München 1989. (Dollar Signs: Tafel 393, 394; Abendmahlsszenen: Tafeln 447-452, 454.)

Kapitel 12: Eine philosophische Bildgeschichte

Didaktische Hinweise

Da alle großen Interpretationsentwürfe der Bergpredigt von der fast unerträglichen Spannung zwischen Anspruch der Forderung Jesu und der völlig anders gelagerten Wirklichkeit ausgegangen sind und um eine Lösung gerungen haben, halten wir es für sinnvoll, den Schülern nicht theologische Lösungsversuche vorzustellen, für die keine echten Fragen vorhanden sind, sondern die Schüler in die Spannung hineinzunehmen, so daß sie selbst eine Lösung suchen müssen. Wir können dies methodisch entweder so anlegen, daß wir eine alltägliche Situation vorgeben und dann Lösungen suchen lassen; oder wir geben die Ausgangssituation vor und bieten den Schülern mehrere Lösungsmöglichkeiten an und lassen sie entscheiden, welche sie für die beste halten. Schließlich können wir beide Methoden kombinieren, wie wir es versucht haben:
Die Ausgangssituation liefert uns die philosophische Bildergeschichte »Sanftmut hat Grenzen« von Erich Oser (= e.o. Plauen) mit Bild 1 (Vater und Sohn werden von einem Unbekannten auf unverschämte Weise belästigt). Wir manipulieren die ursprüngliche Reihenfolge und bieten Bild 5 als eine erste Lösung an (der Vater schlägt zurück, sein Sohn freut sich riesig!).
Diese »Lösung« wird den Schülern als Handlungsmodell A vorgestellt, während die Bergpredigt (»Ihr sollt euch überhaupt nicht gegen das Böse wehren«) als alternative Handlungsmöglichkeit B erscheint. Die Schüler sollten dann in kleinen Gruppen andere Handlungsmöglichkeiten C, D, E suchen. In einer Plenumsdiskussion werden alle Handlungsmodelle einzeln auf ihre Brauchbarkeit, Vor- und Nachteile untersucht, wobei nach der Diskussion der Möglichkeit A den Schülern alle 6 Bilder zur richtigen Numerierung vorgelegt werden. Dabei werden die Schüler schnell eine neue Handlungsmöglichkeit entdecken: Solange er selbst angegriffen wurde, versuchte der Vater so lange wie möglich gewaltfrei zu bleiben; als sich die Aggression des Fremden jedoch gegen einen anderen Wehrlosen richtete, sah er keine andere Möglichkeit mehr, als selbst Gewalt anzuwenden, d.h. die »Gewalt 1« des Aggressors mit »Gewalt 2« zu beenden. Ebenso schnell werden die Schüler entdecken, daß die Handlungsmöglichkeit B der Bergpredigt heute kein praktisches Lösungsmodell bei politischen oder sozialen Auseinandersetzungen ist, wenn ein Aggressor durch Gewaltanwendung andere Menschen bedroht.
Damit steht die Frage im Raum, ob das Christentum nicht völlig realitätsfern ist mit seinen Forderungen. Bei der Erprobung hat sich gezeigt, daß die Schüler auf diese Frage eine Antwort erwarteten und daß sie mit großem Interesse wissen wollten, welchen Sinn diese Forderungen der Bergpredigt haben; Fragen, die Kapitel 13 zu beantworten sucht.

Kapitel 13: Kann man die Bergpredigt wörtlich nehmen?

Sachliche Hinweise

Eine gute Einführung in das »christliche Lebensexperiment« der Amish in Geschichte und Gegenwart gibt *Bernd G. Längin* in seinem Buch »Die Amischen. Vom Geheimnis des einfachen Lebens«, München 1990. Der Autor hat seit 1972 immer wieder mit Amishgruppen zusammengelebt und erhielt 1982 den Friedrich-List-Preis des Landes Baden-Württemberg für »besondere journalistische Leistungen im Ausland«.
Die Fotos im Materialheft sind dem faszinierenden Fotoband des Meisterfotografen *Bill Coleman*, Das Leben der Amish, Heidelberg 1988, entnommen.

Didaktische Hinweise

Die Seiten 22-24 im Materialheft sind als Motivation und didaktische Hinführung zu Kapitel 14 »Wie ist die Bergpredigt zu verstehen?« konzipiert.
Wir verweisen auf das Materialheft, S. 22, und stellen zur Beantwortung der Frage, ob man die Bergpredigt »wörtlich« nehmen kann/soll, im Materialheft, S. 23, zwei konträre Positionen zur Diskussion.
Schülerinnen und Schüler reagieren unterschiedlich: Einerseits schätzen sie das »ehrliche Lebensexperiment« der Amish mit der Bergpredigt, andererseits halten sie das strenge Modell nicht generell für übertragbar auf die heutige Weltgesellschaft. Fruchtbar erwies sich die Fragestellung: Welche *positiven Impulse* können von einer solchen christlichen »Alternative« für uns ausgehen?

Kapitel 14: Wie ist die sogenannte Bergpredigt zu verstehen?

Sachliche Hinweise

Das Gebot der Feindesliebe

Der jüdische Historiker D. Flusser weist darauf hin, daß die Idee der Feindesliebe Jesu eigene Schöpfung sei und in dieser Weise sonst nicht im Judentum vorkomme. Ansätze dazu gibt es freilich im AT. Ex 23,4-5 gebietet, auch dem Feind in Notlagen Beistand zu leisten, und Spr 25,21-22 vertritt eine ähnliche Haltung. Hellenistische Philosophen der stoischen und kynischen Schule forderten, man müsse alle Menschen ohne Einschränkung lieben. Von jüdischen Rabbinen wird berichtet, sie hätten stellvertretend für ihre Feinde gebetet und diese dadurch bekehrt.
Es ist denkbar, daß Jesus bei seiner Forderung der Feindesliebe die Qumranleute im Auge hatte, die zwar innerhalb ihrer Gruppe Liebe, nach außen hin aber Haß übten. Diese Haltung, die in streng auf die Endzeit ausgerichteten Gruppen wohl geläufig war, diente dem Selbstschutz wie dem Selbstbewußtsein der »Auserwählten«. Jesus bevorzugte einen anderen Weg, nämlich den der Offenheit auch für die Abgeirrten angesichts der nahen Gottesherrschaft. So setzte er der Gruppensolidarität (bei gleichzeitigem Haß gegen die Außenseiter) die Feindesliebe entgegen, um so die Ganzheit des Gottesvolkes wiederherzustellen. Das Gebot der Feindesliebe wäre demnach kein abstraktes Prinzip, sondern eine situationsbedingte Reaktion Jesu auf das Gruppen- und Konventikelwesen seiner Zeit (so die Deutung des Judaisten J. Maier, die recht einleuchtend erscheint). Man wird heute die Aussagen über die Feindesliebe jedenfalls nicht vorschnell privatisieren dürfen (»Ich und mein Feind«) unter Absehung von den gesellschaftlichen und politischen Bedingungen. Die Folge wäre nämlich, daß man Feindesliebe als Aufforderung zur passiven Hinnahme ungerechter Verhältnisse und zum Rückzug aus der gesellschaftlichen Verantwortung mißversteht, als »Moral der Unterlegenen im Interesse der Mächtigen« (P. Hoffmann).

Jesu Verbot der Scheidung einer Ehe

Um Jesu Haltung richtig einzuschätzen, bedarf es einiger Kenntnisse des jüdischen Eherechts seiner Zeit. Während die gemäß Dtn 22,22 zu vollziehende Todesstrafe bei Ehebruch nur auf wenige schwerwiegende Fälle eingegrenzt war, kam die Verstoßung der Frau durch den Ehemann häufig vor und wurde von den Rabbinern auch bei geringfügigen Verfehlungen angeraten. »Ißt eine Frau auf der Straße, trinkt eine Frau gierig auf der Straße, säugt sie (ihr Kind) auf der Straße, so soll sie ... geschieden werden«, sagt eine talmudische Formulierung, aber auch wenn sie mit aufgelöstem Haar ausgeht oder mit jedem beliebigen redet oder ihrem Mann unverzehntete Lebensmittel vorsetzt. Bei einer solchen Verstoßung verlor die Frau ihr Anrecht auf Rückzahlung des Brautpreises und stand praktisch mittellos da. Von Frauen wurde demgegenüber erwartet, daß sie unangenehme Eigenschaften ihres Mannes (mit Ausnahme des Aussatzes) willig ertragen. »Jesus deckt hier das Recht der Frau gegen das einseitige Recht des Mannes auf. War die Frau vorher nur das ›Rechtsobjekt‹ des Ehemannes, wird sie nun zu einem ›Rechtssubjekt‹, sie wird ihm also in der Ehe gleichgestellt« (P. Hoffmann, a.a.O., S. 119). Damit »steht die Stellungnahme Jesu zur Ehescheidung in einer Reihe mit seinen sonstigen für das mitmenschliche Verhalten relevanten Stellungnahmen«; er engagiert sich »für eine Humanisierung der Ehe«, meint V. Eid (a.a.O., S. 119).

Die Antithesen

Die Antithesen stellen eine charakteristische literarische Gattung in der Bergpredigt dar: »Ihr habt gehört, daß zu den Alten (sc. von Gott durch Mose) gesagt wurde ..., ich aber sage euch...« Dazu hat E. Lohse gezeigt, daß auch die damaligen jüdischen Gelehrten diese Gegensatzformel kannten und anwendeten, wenn sie ihre eigene, in diesem Fall gegensätzliche Meinung zum Ausdruck bringen wollten. Darum kann nicht gefolgert werden, Jesus habe mit dem Gebrauch der Antithesen seinen messianischen Anspruch geltend gemacht; vgl. E. Lohse, »Ich aber sage euch«, in: Der Ruf Jesu und die Antwort der Gemeinde, Festschrift für J. Jeremias, Göttingen 1970, S. 189-203.

Didaktische Hinweise

Wir schlagen eine Kleingruppen- oder Hausarbeit zu Materialheft, S. 25 vor. Als Arbeitsanleitung können die S. 25 oben genannten Aufgaben dienen. Bei der Auswertung und Diskussion in der Klasse sollte der Bezug zu den S. 22-24 hergestellt werden.

Literatur

Grundlegend:

S. Schulz, Neutestamentliche Ethik, Zürich 1987.

G. Strecker, Die Bergpredigt. Ein exegetischer Kommentar, Göttingen 1984.

Weiterführend / alternativ:

J. Becker, Das Problem der Schriftgemäßheit der Ethik, in: Handbuch der christlichen Ethik, Bd. 1, Freiburg u.a. 1978, S. 246-252 (Ethik Jesu).

P. Hoffmann / V. Eid, Jesus von Nazareth und eine christliche Moral. Quaestiones Disputatae, Bd. 66, Freiburg u.a. 1975.

R. Mokrosch, Die Bergpredigt im Alltag. Anregungen und Materialien für die Sekundarstufe I/II, Gütersloh 1991.

Kapitel 15-18: Die Wunder Jesu / Heilungen

Sachliche Hinweise

Wunder soziologisch gesehen
Zur Auslegung der neutestamentlichen Wundergeschichten hat in neuerer Zeit vor allem Gerd Theißen soziologische Kategorien eingeführt, die sich als sehr hilfreich für das Verständnis erweisen. Theißen fragt nicht nur, wie die meisten anderen Forscher, nach den religionsgeschichtlichen Bedingungen und nach dem existentiellen Sinn dieser Erzählungen. Für ihn sind ebenso wichtig die sozialen Bedingungen, der soziale Sinn und die soziale Funktion, also z.B. die Örtlichkeiten, die wirtschaftlichen, kulturellen und politischen Faktoren, die mit den Krankenheilungen verknüpft sind, aber auch in welchem soziokulturellen und religionspolitischen Kontext die Wunder weitererzählt wurden und mit welcher Absicht.

Parapsychologie und Heilung
Zum Beitrag der Parapsychologie siehe den Aufsatz von G. Siegmund, »Wunderheilungen und Parapsychologie«, in: O. Schatz, Parapsychologie, Graz / Wien / Köln 1976, S. 133ff. (um nur eine von vielen Arbeiten zu nennen). Die Parapsychologie gewinnt – trotz gelegentlicher Angriffe – immer mehr Anerkennung im Wissenschaftsbereich; sie, »bisher bestenfalls geduldeter Außenseiter im Sozialsystem Wissenschaft, wird einen entscheidenden Anteil am Programm der kommenden Psychologie haben« (so B. Floßdorf vom Sigmund-Freud-Institut, in: Psychologie heute, Nr. 5, 1978, S. 72). – Über Wunderheilungen u.ä. in Ländern der Dritten Welt seien nur drei neuere Arbeiten genannt, die selbst wieder viel Material verarbeiten: G. Kliewer, Das neue Volk der Pfingstler. Religion, Unterentwicklung und sozialer Wandel in Lateinamerika, Bern / Frankfurt 1975; vgl. das Zitat dort S. 123: »Wir müssen uns fragen, welchen Sinn diese ständige Suche nach Heilung für ein Volk hat, das keinen Zugang zur Medizin hat, für eine Gesellschaft, wo die Gesundheitspflege das Privileg einer sozialen Klasse ist. Zwar sagt man, daß es durch die Entwicklung der Medizin sinnlos geworden sei, nach göttlicher Heilung zu suchen. Die Behauptung trifft zu, doch für die Unterdrückten hat sie keinen Sinn.« Über Heilungen in Südafrika schreibt H.J. Becken, Theologie der Heilung, Hermannsburg 1972, vgl. besonders S. 156-161; ähnliche Vorkommnisse in Indien führt an W. Hoerschelmann, Christliche Gurus. Darstellung von Selbstverständnis und Funktion indigenen Christseins durch unabhängige, charismatisch geführte Gruppen in Südindien, Bern / Frankfurt 1977, vgl. besonders S. 422f., 441 und 455. – Es sollte auch nicht übersehen werden, daß heute viele Afrikaner den »Kirchen des Wortes« in Europa und deren Missionaren mit Bitterkeit vorwerfen, sie hätten den Menschen Afrikas einen wesentlichen Teil des Evangeliums mit Absicht verschwiegen, nämlich die Glaubensheilungen, Totenauferweckungen, Visionen, Träume, Prophetie und das Reden in Ekstase – Dinge, die doch im NT als Zeichen des Glaubens genannt seien und die in den unabhängigen Kirchen ohne Weiße sofort wieder aufbrächen.
Dieser Vorwurf stellt Theologen, welche durch die Reformation und die europäische Aufklärung geprägt sind, vor ein schier unlösbares Problem. – Daß »Gesundbeter und Spruchheiler« auch in der Bundesrepublik erfolgreich praktizieren, zeigt das Buch des Theologen E. Rudolph, Die geheimnisvollen Ärzte, Olten / Freiburg 1977. Rudolph interviewte zwischen 1971 und 1975 über 300 »zumeist ländliche Spruch- und Gebetsheiler« (S. 7), aber auch

Ärzte und Geistliche. Er verweist bei seiner Deutung nachdrücklich auf die Parapsychologie und nimmt an, »daß die medialen Kräfte, von denen die Bibel immer wieder berichtet, die auch außerchristlichen Kulturen nicht unbekannt sind, schöpfungsbedingt sein müssen. Das heißt, daß sie dem Menschen – oder auch nur einigen Menschen, damit aber der Menschheit als solcher – in die Wiege gelegt wurden. Wenn einer der volksfrommen Spruchheiler mit der Rezitation einer ehrwürdigen, vielleicht auch ein wenig kuriosen Formel Erstaunliches zuwege bringt, so hat das in erster Linie wohl weniger mit Gebetserhörung und dergleichen zu tun. Es scheint eher die Nutzbarmachung einer dem Menschen von Urbeginn anvertrauten Fähigkeit zu sein« (a.a.O., S. 340).

Der kritische Bibelwissenschaftler muß heute feststellen: »Die Jesusbewegung glaubte an Wunder, an die Realität des unmöglich Scheinenden. Sie hatte Wunder erlebt. Denn es steht außer Zweifel, daß Jesus über paranormale Fähigkeiten verfügte. Und mehr noch: Daß er die Gabe besaß, in anderen Menschen solche Fähigkeiten zu wecken« (G. Theißen, Soziologie der Jesusbewegung. Ein Beitrag zur Entstehungsgeschichte des Urchristentums, München ^{6}1991, S. 104).

Als Dozent für Altes Testament und Religionsgeschichte am Trinity College in Legon (Ghana) konnte Rudolf Mack sowohl typisch exorzistische Heilungen wie auch vermutlich telepathische Handlungen bei Reisen in verschiedenen Landesteilen beobachten. Solche Vorkommnisse sind des öfteren auch von ethnologischen Fachwissenschaftlern dokumentiert worden. Der Afrikanist und Theologe *H.-J. Becken* beschreibt z.B. eine Heilung wie folgt: »Zu einem Heiler im Msinga-Distrikt brachten sie einen Mann in Ketten, weil er als besessen und gewalttätig galt. Er mußte warten, bis die Gemeinde dazu besonders zusammengerufen war. Dann wurden ihm die Ketten abgenommen, und im Verlauf des nun folgenden Gottesdienstes wurde er mit Fäusten geschlagen, während der Heiler auf ihn einschrie: ›Fahre aus, du böser Geist der Krankheit!‹ Nach anfänglichem Toben fiel der Besessene nieder und lag wie tot da. Die Gemeinde sang und betete die ganze Nacht hindurch. Am nächsten Morgen konnte ein befreiter, friedlicher Mensch ohne Ketten in seine Sippe zurückkehren« (in: EZW-Texte, Impulse Nr. 20, X/84, S. 8, Evangelische Zentralstelle für Weltanschauungsfragen Stuttgart).

Wenn Jesus in Joh 1,48 und 4,17f. paranormales Wissen zugeschrieben wird, so würden viele Westafrikaner auf ihre traditionellen Wahrsager hinweisen, die über ähnliche Fähigkeiten verfügen. Die Völkerkundler K. Dittmer und J. Zwernemann haben im oberen Voltagebiet (Nordghana und heutiges Burkina Faso) die Praktiken von Wahrsagern untersucht (vgl. den Bericht von Kunz Dittmer, Die Methoden des Wahrsagens im Ober-Volta-Gebiet und seine Beziehung zur Jägerkultur, in: Baessler Archiv – Beiträge zur Völkerkunde, Neue Folge, Bd. VI: 1-60, Dietrich Reimer Verlag, Berlin, S. 1ff.). Daraus einige Notizen und Feststellungen, die dem Autor R. Mack aufgrund eigener vergleichender Beobachtungen vor Ort zwischen 1971 und 1975 als durchaus plausibel erscheinen (S. 41f.):

In einer Sitzung sagt der Wahrsager dem Ethnologen, dieser habe einen »Schwanz« verloren (»Schwänze von Haus- und Wildtieren sind als Fliegenwedel und vor allem als Amulette und Fetische viel im Gebrauch, ihre Länge variiert von etwa 10cm bis 30cm«), »sein Besitzer sei nicht mehr da... Die Aussage, ich hätte einen ›Schwanz‹ verloren, dessen Vorbesitzer nicht mehr da sei, ließ mich gleich an die Autoschlüssel – unseren einzigen bewußten Verlust – denken. Denn diesen hatte früher Herr Dr. Z. in Verwahrung gehabt, der krankheitshalber nach Hamburg hatte zurückfliegen müssen. Wir hatten den Schlüssel kurze Zeit vor dem Eintreffen in Pouni fieberhaft gesucht und die Hoffnung noch nicht aufgegeben gehabt, ihn wiederzufinden. Der Wahrsager hatte natürlich noch nie solch einen Schlüsselbund, in ein Lederetui einziehbar, gesehen. Eine rohe ungelenke Skizze eines

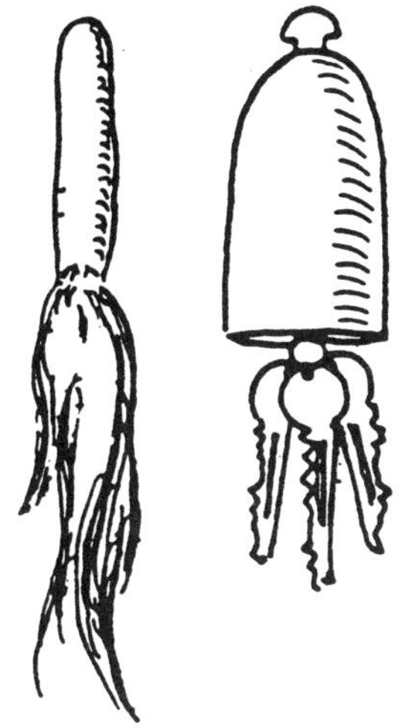

Skizze eines Schwanz-Amulettes und einer Schlüsseltasche mit Autoschlüsseln

solchen aus dem Etui herausgezogenen Schlüsselbundes hätte von einem Afrikaner wohl als Skizze eines der als Amulette verwendeten Tierschwänze gedeutet werden können. Bei Anwendung der Telepathie-Hypothese könnte hier also eine Fehldeutung des (ungenauen) Bildes des Schlüsselbundes in meinem Unterbewußtsein durch den Wahrsager stattgefunden haben.«

Dittmer äußert angesichts solcher von ihm registrierten zutreffenden Aussagen, wie er sie in Sitzungen mit verschiedenen Wahrsagern erhielt, die Vermutung, »daß diese Wahrsager Gedanken lesen können. Daß dies auch beabsichtigt ist, geht aus den Aufforderungen hervor, der Klient solle während der Prozedur an sein Anliegen denken. (Es werden aber nicht nur das vom Fragesteller während einer Séance bewußt Gedachte, sondern auch Inhalte seines Unterbewußtseins vom Wahrsager erfaßt.) Dabei scheint der Wahrsager weniger vom Klienten in Worten Gedachtes, also sprachlich gefaßte Begriffe, aufzunehmen – zumindest nicht in meinem Fall eines Fremdsprachigen – als vielmehr Bilder des vom Klienten sich vorgestellten Gegenstands bzw. Person. Darauf deuten die häufigen Angaben der Wahrsager, sie ›sähen‹ das Ausgesagte...« (a.a.O., S. 48).

Ergänzendes Material

Der folgende Beitrag von Walter J. Hollenweger über Heilungen und charismatische Heiler eignet sich auch als Grundlagentext für ein Schülerreferat.

»Charismatische Heiler sind Personen, die sich die Heilung von physischen und psychischen Krankheiten auf außermedizinische Weise zum Ziel gesetzt haben. Die Abgrenzung ist schwierig, weil die Übergänge zwischen den charismatischen Heilern und dem Heilungsdienst in den Kirchen einerseits und der Schulmedizin andererseits fließend sind und die Praxen der alternativen Heiler von Klienten der Ärzte und Mitgliedern traditioneller Kirchen fleißig besucht werden. Außerdem sind die meisten charismatischen Heiler Mitglieder der Landeskirchen.

Der Grund für das Anwachsen – oder vielleicht besser: für den heute größeren Bekanntheitsgrad – außermedizinischer und alternativer Heilmethoden ist im allgemeinen religiösen Boom der letzten Jahre und in der wachsenden Kritik an der Schulmedizin zu suchen. Es sind auch keineswegs nur die Armen und Ungebildeten, die zu den Heilern strömen. Man findet unter ihnen nicht wenige Akademiker, Pfarrer und Priester.

In der Dritten Welt gehört das Heilen selbstverständlich zur Religion, so z.B. im Kimbanguismus, in den unabhängigen Kirchen Afrikas, in den Pfingstgemeinden der Dritten Welt, bei den Candomblés, Macumbas und Umbandas Brasiliens, im haitianischen Voodouismus, aber auch in den katholischen und protestantischen Missionskirchen.

Bei der Beurteilung ist davon auszugehen, daß die Heilungssuchenden oft von der Schulmedizin und der kirchlichen Vertröstung enttäuscht worden sind. Es gilt daher in dieser Sache: *Die beste Kritik des Falschen ist die Praxis des Wahren.* Die Praxis des Wahren besteht darin, daß beim Heilungsdienst keine Versprechungen gemacht werden, daß die Heilung an keine Bedingungen geknüpft werden (Buße, Glaube oder dergleichen) und daß konsequent darauf hingewiesen wird, daß Heilung immer – ob medizinisch, alternativ oder durch Gebet – eine Gnade Gottes ist, die wir weder voraussagen noch manipulieren können. Ein propagandistisches Ausposaunen möglicher Heilerfolge widerspricht dem Evangelium. Kritik an den Heilern ist dort angebracht, wo die Heilung an Ideologie, eine Person oder einen bestimmten Frömmigkeitsstil gekettet wird. Dieses Auslöschen der eigenen Verantwortung wird auch ›Besessenheit‹ genannt. Sie wird keinesfalls immer durch ›okkulte‹ Kontakte hervorgerufen. Besessenheit kann auch durch Medikamentenabhängigkeit, Abhängigkeit von bestimmten Seelsorgemethoden oder -personen hervorgerufen werden. Auch ist es wissenschaftlich unstatthaft, ›unerklärbare‹ Phänomene ungeprüft dem Bereich des Okkulten zuzuweisen.

Überhaupt ist die Kategorie des ›Übernatürlichen‹ tunlichst zu vermeiden. Zwar kann kein vernünftiger Mensch wissenschaftlich unerklärbare Phänomene leugnen. Aber warum soll das ›Unerklärbare‹ übernatürlich sein, von jenseitigen Mächten (Engeln oder Dämonen) produziert werden? Oder umgekehrt: Wie wissen wir denn, daß der Geist Gottes nicht auch in den sogenannten erklärbaren Phänomenen (z.B. in einer Operation) tatkräftig mitwirkt? Der Gott der Christen ist ein Gott der gesamten Schöpfung, unabhängig davon, ob wir sie verstehen oder nicht.In der Medizin sind die parapsychologischen Heilerfolge (sog. Spontanheilungen) bekannt, aber derzeit wissenschaftlich nicht erklärbar, was aber nicht dazu verleiten sollte, die oft übertriebenen, tatsächlich aber regelmäßig auftretenden Erfolge zu leugnen. Es gibt vieles – auch in der wissenschaftlichen Medizin –, was wir nicht erklären können. Es wäre wissenschaftlicher, unerklärbare Phänomene vorderhand einfach als solche stehen zu lassen...

Wo sie Menschen zu einer reiferen Erwachsenenexistenz verhelfen, sind sie zu bejahen. Wichtig wäre allerdings eine bessere Koordination und *gegenseitige* Kritik zwischen Seelsorgern, Heilern und Ärzten. In England sind Heiler in verschiedenen Berufsverbänden zusammengefaßt. Ansätze dazu gibt es auch in der Schweiz und in Deutschland. Doch krankt die Zusammenarbeit noch an den gegenseitigen Berührungsängsten. In England arbeiten verschiedene britische Ärzte und Spitäler mit Seelsorgern und Heilern zusammen.

Schon Käsemann wies darauf hin, daß Gott leiblich an uns handeln will. In der Dritten Welt bahnt sich eine Zusammenarbeit an zwischen christlichen und nichtchristlichen Heilern und der Schulmedizin, weil dies eine Bedingung ist für einen funktionierenden Gesundheitsdienst. Auch wies der Neutestamentler G. Theißen schon vor Jahren darauf hin, daß die urchristlichen Wundergeschichten nicht einfach wegrationalisiert werden dürfen, wenn er auch aus dieser Feststellung keine Konsequenzen für die Praxis zog.

Ebenso haben die Weltgesundheitsorganisation in Genf und die Medizinische Kommission des Ökumenischen Rates der Kirchen in mehreren Publikationen sich eingehend mit den Chancen einer Zusammenarbeit zwischen Medizin, alternativen Heilern und dem Krankendienst der Kirchen befaßt, und zwar aus dem einfachen Grunde, weil der Export europäischer Medizin in die Dritte Welt sich oft als erfolglos, gelegentlich sogar als schädlich erwies.

Von diesen wissenschaftlichen Erkenntnissen bis zur Praxis in unseren normalen kirchlichen Gottesdiensten ist allerdings noch ein weiter Weg. Trotzdem ist daran festzuhalten, daß der Ort, wo Heilung erwartet werden darf, der therapeutische Gottesdienst der Ortsgemeinde ist.«

Walter J. Hollenweger, Verhängnis und Verheißung charismatischer Heiler, in: Heilen, was verwundet ist, Paulusverlag, Freiburg (Schweiz) 1990, S. 148ff.

Didaktische Hinweise zu Kapitel 15-18

Die exegetischen Fachbeiträge zum Thema »Wunder / Heilungen«, Materialheft, S. 26 und 28, können als Hausaufgabe gestellt werden. Die Aufgabenstellung findet sich im Materialheft, S. 28 unten.
Das Ergebnis der Hausarbeit kann mit einem Tafelanschrieb / Folie zusammengefaßt werden:

<table>
<tr><td>Was hat es mit Jesu Wundern auf sich?

Einstellung des antiken Menschen zu Wundern

Kein Glaube an unumstößliche Naturgesetze

Wunder werden bestaunt, gelten aber als »natürlich«

Götter oder Dämonen können jederzeit in das irdische Geschehen eingreifen</td><td colspan="2">Einstellung vieler moderner Menschen zu Wundern

Glaube an feste, überall geltende physikalische und biologische Gesetze

Wunder werden abgelehnt oder skeptisch betrachtet

Gott kann nicht eingreifen in die Naturgesetze</td></tr>
<tr><td rowspan="4">Einstellung von Parapsychologen zu Wunderberichten

Annahme von noch nicht erklärbaren »paranormalen« Kräften (PSI). »Wunder« sind möglich.</td><td colspan="2">Kennzeichen der Wunder Jesu</td></tr>
<tr><td>Nicht als Geschäft</td><td>Hilfe für Menschen in Not</td></tr>
<tr><td>Nicht gegen Menschen</td><td>Zeichen für Gottes Menschenfreundlichkeit</td></tr>
<tr><td>Nicht für sich selbst</td><td>In Praxis umgesetzte Lehre Jesu</td></tr>
</table>

Für das Unterrichtsgespräch sollte ein Vergleich der drei Fotos herangezogen werden sowie die aktuellen Beiträge, Materialheft, S. 27, 29, Gedicht S. 26, zur Diskussion gestellt werden.

Literatur

Grundlegend:
W.J. Hollenweger, Erfahrungen der Leibhaftigkeit (Interkulturelle Theologie Bd. 1), München 1979.
Die Psychologie des 20. Jahrhunderts, Band XV: Transzendenz, Imagination und Kreativität, hrsg. von Gion Condrau, Zürich 1979, S. 483-725.

Weiterführend / alternativ:
S. Wibbing, Wunder und christliche Existenz heute, Überlegungen für Unterricht und Predigt, Gütersloh (GTB) 1979.
A. Weiser, Was die Bibel Wunder nennt. Ein Sachbuch zu den Berichten der Evangelien, Stuttgart 1975.

Kapitel 19-20: Was heißt »Gottesherrschaft«?

Sachliche Hinweise

Die Naherwartung der Gottesherrschaft

Die im Fachartikel vertretene Naherwartung Jesu ist in der Forschung verschiedentlich bestritten worden. Albrecht Ritschl hat Ende des 19. Jahrhunderts Jesus noch von Lk 17,20-21 her verstehen wollen: »Das Reich Gottes ist inwendig in euch.« »Reich Gottes« verstand Ritschl als die nicht erst künftige, sondern schon gegenwärtige sittliche, durch die Liebe bestimmte Menschengemeinschaft.

Erst Johannes Weiß hat kurze Zeit später die künftige, aber doch in naher Zukunft und ohne menschliches Zutun hereinbrechende, total jenseitige Gottesherrschaft als Mittelpunkt von Jesu Erwartung und Verkündigung herausgestellt. Dieser Erkenntnis sind bis heute die meisten Forscher gefolgt. Die Schwierigkeit, die sich bei der Betrachtung der Evangelientexte ergibt, besteht darin, daß es Jesus zugeschriebene Worte gibt, die entweder die Gegenwart der Gottesherrschaft ansagen (z.B. Lk 11,20; 10,23-24; Mk 2,19) oder deren Zukünftigkeit (z.B. Lk 10, 13-14; 17, 26-29. 34-36) oder aber deren unmittelbare Nähe (z.B. Mk 9,1; Mt 4,17; 10,23).

Günther Bornkamm spricht von der künftigen Gottesherrschaft, die aber verborgen in Jesu Wirken bereits gegenwärtig sei. Charles Harold Dodd unterstreicht demgegenüber die Gegenwart der Gottesherrschaft und spricht von einer »verwirklichten Eschatologie« (realized eschatology): Im Predigen und heilenden Handeln Jesu verwirklicht sich im aktuellen Vollzug die an sich noch ausstehende Gottesherrschaft. – Im Blick auf die hochgespannte Naherwartung Johannes des Täufers, dem Jesus nahestand, wird man bei Jesus dieselbe Haltung voraussetzen dürfen. Die Bestreitung der Naherwartung Jesu aufgrund von Echtheitskriterien hinsichtlich der synoptischen Belegstellen (so z.B. Eta Linnemann) kann demgegenüber nicht überzeugen.

Zuletzt hat H. Merkel das Problem behandelt und kommt dabei zu folgendem Schluß (H. Merkel, Die Gottesherrschaft in der Verkündigung Jesu, in: Königsherrschaft Gottes und himmlischer Kult in Judentum, Urchristentum und in der hellenistischen Welt, hrsg. von M. Hengel und A.M. Schwemmer, J.C.B. Mohr [Paul Siebeck], Tübingen 1991, S. 119ff.):

»Unser Versuch, die in sich nicht schlüssige Jesusüberlieferung methodologisch klar zu analysieren, hat ein in sich geschlossenes und theologisch bedeutsames Gesamtbild ergeben. Die folgende thesenartige Zusammenfassung soll dies noch einmal verdeutlichen und zugleich die Eigenart Jesu gegenüber apokalyptischem Denken anzeigen:

1. Für Jesus wie für die Apokalyptik ist die Welt gottfern und heillos.
2. Für Jesus ist ebenso wie für die Apokalyptik die strenge Theozentrik charakteristisch: Nur Gott kann Heil schaffen. Während die Apokalyptik diese Welt aber grundsätzlich negativ ansah, das Heil erst in einem kommenden Äon möglich erschien, hat Jesus diese Welt als möglichen Ort heilvoller Gottesherrschaft angesehen.
3. Während die Apokalyptiker bis hin zu Johannes dem Täufer den Anbruch der Heilszeit mit dem Gericht Gottes verbinden, verbindet Jesus das Herrwerden Gottes mit der Aussage einer bedingungslosen Amnestie.
4. Da für die Apokalyptik Heil nur durch einen schöpferischen Neuanfang Gottes gegeben werden kann, ist menschliches Handeln unter den Bedingungen dieser Welt an die Tora vom Sinai gewiesen; ihre penible Erfüllung hilft zum Bestehen im Gericht. Für

Jesus dagegen will der Schöpfer dieser Welt die Herrschaft über diese seine Schöpfung wieder ergreifen; infolgedessen gilt es, den ursprünglichen guten Willen des Schöpfers gegen die Geschöpfe im mitmenschlichen Handeln zu verwirklichen. Motivation für das Handeln ist nicht das Gericht, sondern die Dankbarkeit.

5. Für Jesus wie für die Apokalyptik verlieren die Prärogativen Israels ihre Bedeutung. Während die Apokalyptik aber dazu neigt, das Heil konventikelhaft auf einen ›Rest‹ Israels zu beschränken, sprengt Jesus vom Schöpfungsgedanken her jegliche Einengung des Heils auf.

6. Mit der Apokalyptik erwartet Jesus einen Zustand, in welchem Gott uneingeschränkter Herr ist. Aber dieser endgültige Heilszustand steht für Jesus nicht in absoluter Diskontinuität zur Gegenwart. ›Die gegenwärtige Verwirklichung der Basileia steht ... im Zeichen des Senfkorns.‹ Der Mensch wird damit sicher nicht zum ›Aktanten des Reiches Gottes‹, aber gelebte Güte und erfahrene Gemeinschaft darf Gleichnis für das Erhoffte werden.«

Didaktische Hinweise

Die Foto-Text-Collage auf S. 30 ist ein Versuch, Schülerinnen und Schülern eine Ahnung von der *elementaren* Erfahrung der Nähe Gottes zu vermitteln, von der die Evangelien berichten.

Das historische Fachwissen zu vermitteln (Lektüre Materialheft, S. 31-32) dürfte zum religionspädagogischen Standard-Knowhow gehören. Die eingangs angeschnittene Problematik und Aufgabe dürfte sich in unserem Kulturkreis und in einer »Normalklasse« als wesentlich schwieriger erweisen. Wir haben es mit den elementaren Äußerungen einer schwarzen Frau des 20. Jahrhunderts *versucht.*

Literatur

Grundlegend:

H. Merklein, Jesu Botschaft von der Gottesherrschaft, Stuttgarter Bibelstudien Bd. 111, Stuttgart 1989.

Weiterführend / alternativ:

F. Beißer, Das Reich Gottes, Göttingen 1976.

Chr. Burchard, Jesus von Nazareth, in: J. Becker u.a., Die Anfänge des Christentums. Alte Welt und Neue Hoffnung, Stuttgart u.a. 1987, S. 20-35.

P. Pokorný, Die Entstehung der Christologie. Voraussetzung einer Theologie des Neuen Testaments, S. 21-30.

Kapitel 21-22: Wie sind Jesu Gleichnisse zu verstehen?

Sachliche Hinweise

Während man lange Zeit hindurch die Gleichnisse der Evangelien als Allegorien betrachtet hatte, die man Zug um Zug auslegte, überwand Adolf Jülicher um die Jahrhundertwende diese Deutungsweise und zeigte, daß die Gleichnisse nur auf ihre Pointe hin befragt werden dürfen. Für Jülicher enthält jedes Gleichnis jeweils nur *eine* allgemeine religiöse oder sittliche Wahrheit, nicht mehrere Wahrheiten. – Diese methodische Grunderkenntnis hat sich in der Forschung durchgesetzt. Kritisiert wurde nur Jülichers These, daß die Gleichnisse allgemein-moralische Wahrheiten enthielten. Der britische Forscher Charles Harold Dodd suchte demgegenüber die Gleichnisse in der konkreten Situation Jesu zu verankern. Der jeweils eine Vergleichspunkt müsse im Zusammenhang mit der eschatologischen Verkündigung Jesu gesehen werden.

An Dodd knüpft Joachim Jeremias an, der noch stärker als Dodd den Sitz im Leben Jesu zu bestimmen versucht. Die Vielfalt der in den Gleichnissen verwendeten Bilder erklärt Jeremias damit, daß Jesus auf aktuelle Ereignisse in seiner Umwelt Bezug genommen habe. Damit setzt sich Jeremias allerdings dem kritischen Einwand aus, daß ja sämtliche Gleichnisse ohne eine spezielle Angabe über die zugrundeliegende äußere Situation überliefert sind. Jeremias kann diese jeweilige Situation nur vermutungsweise benennen.

Was die geschichtliche Echtheit der Gleichnisse angeht, so hatte schon Jülicher gemeint, daß »die Parabeln der Evangelien den von Jesus gesprochenen nicht unbedingt gleichzusetzen« seien und man mit Änderungen und Umbildungen, ja auch Neubildungen rechnen müsse. Das sieht auch Jeremias. Die Gleichnisse liegen jetzt in einer Form vor, die ihnen die Urkirche gegeben hat, und es ist nach Jeremias Aufgabe des Forschers, die ursprüngliche Gestalt, die auf Jesus zurückgeht, soweit wie möglich wiederzugewinnen. Wenn auch nach der einhelligen Meinung der Fachleute der Grundbestand der Gleichnisse zu den am zuverlässigsten überlieferten Worten Jesu gehört, so besteht doch im Einzelfall keine Übereinstimmung darüber, welche Form und Aussage nun Jesu ureigenste Worte sind (die zu finden Jeremias anstrebt) und welche nicht. Jeremias versucht, die Gesetze der Umformung ursprünglicher Gleichnisse zu erkennen und von dieser Erkenntnis her die Urform selbst herauszuschälen, d.h. also: die Umformung rückgängig zu machen.

Im Materialheft, S. 33ff., haben wir versucht, *didaktisch* und *fachwissenschaftlich* Ergebnisse der neueren Gleichnisforschung zu berücksichtigen. Wir verweisen hier auf die unten angegebene Literatur.

Ergänzendes Material

Die folgende Auslegung eines Gastmahlgleichnisses ist auch als Schülertext geeignet.

Aufgabe: Erarbeiten Sie anhand einer Synopse Gemeinsamkeiten und Unterschiede in der Überlieferung des Gleichnisses vom großen Mahl (Lk 14 / Mt 22).

Gleichnis vom großen Mahl, Lk 14,15-24 (Auslegung)

Tischgemeinschaft und das gemeinsame Essen spielen im Leben Jesu eine bedeutende Rolle. Sie sind Zeichen der Verbundenheit und der gegenseitigen Annahme. Darum hat Jesus immer wieder mit den verschiedensten Gruppen zusammengesessen; mit seinen Jüngern, aber auch mit Pharisäern, Zöllnern und Sündern. Für ihn bedeutet dies die Vorwegnahme der Gottesherrschaft, die sich jüdische Fromme ebenfalls als festliche Mahlzeit vorstellten (Jes 25,6).

Anläßlich eines Essens knüpft ein Gast an diese Vorstellung an. Jesus antwortet darauf mit einer Parabel: Ein Mann gibt ein großes Mahl und lädt verschiedene vornehme Gäste ein. Doch alle lehnen ab, wenn auch mit gewichtigen Gründen: sie haben Wichtiges zu tun, bei dem sie sich nicht vertreten lassen können. Auch sehen sie nicht ein, warum der Gastgeber das Fest gerade jetzt und nicht später stattfinden läßt. Daraufhin läßt der enttäuschte und verärgerte Hausherr Bettler und Obdachlose von den Straßen holen und lädt diese trotz ihrer Hemmungen in sein Haus. Die zuerst Geladenen haben die Chance verpaßt; das Fest findet ohne sie statt.

Was will Jesus mit dieser Parabel aussagen?

In der Gemeinschaft Jesu mit den Menschen ist die Situation da, wo diese zum Freudenmahl der Gottesherrschaft eingeladen werden. Doch nur wenige erkennen diese Situation: Fromme lehnen dankend ab und meinen, sich mit wichtigeren Dingen befassen zu müssen. Außenseiter lassen sich rufen und erfahren das von Jesus ausgehende Heil der Gottesherrschaft hier und heute.

Ein Blick auf die synoptische Zusammenstellung zeigt, daß aus dieser sicher auf Jesus zurückgehenden Parabel des Lukasevangeliums bei Matthäus eine Allegorie geworden ist (Mt 22, 1-10), die dann sogar durch ein weiteres Gleichnisstück ergänzt wurde (Mt 22, 11-14): Bei Matthäus wird aus dem Hausherr ein König (= Gott); aus dem Festessen ein Hochzeitsmahl für seinen Sohn (=Jesus); aus einem Diener mehrere (= Propheten oder Missionare).

Der königliche Zorn über die Mißhandlung der Diener und deren Tod führt zur Bestrafung (= Zerstörung Jerusalems durch die Römer). Die neu Eingeladenen sind die Nichtjuden (= Heidenchristen), unter denen es vor der endzeitlichen Scheidung »Gute und Böse« (Vers 10) gibt.

Matthäus bezieht also die Parabel Jesu auf die Situation der urchristlichen Heidenmission. Das noch spätere gnostische Thomasevangelium erzählt das Gleichnis nur noch mit der moralischen Absicht, den Leser vor Geld und Besitz zu warnen. Damit ist der Bezug zur ursprünglichen Absicht Jesu ganz verlorengegangen.

Didaktische Hinweise

Die Einleitungsseite zu den Gleichnissen (Materialheft, S. 33) möchte durch die Zuordnung von Foto, Fragen, Kurztext und Aufgabe die Einsicht vermitteln, daß sich Jesu Gleichnisse nicht in einer abstrakten Pointe erschöpfen, sondern die Zuhörer / Leser anleiten möchte, das Leben neu zu sehen.

Literatur

G. Baudler, Jesus im Spiegel seiner Gleichnisse. Das erzählende Lebenswerk Jesu – ein Zugang zum Glauben, Stuttgart / München 1986.
Entwurf 1/91.
W. Harnisch, Artikel »Gleichnis«, in: EKL Bd. 2, 1989, Sp. 213ff.
D. Pauly, Gott oder Mammon: Die Wiederherstellung der Ökonomie, in: Entwürfe, München 1990, S. 124f.
C. Westermann, Vergleiche und Gleichnisse im Alten und Neuen Testament, Stuttgart 1984.

Kapitel 23-24: Religiöse Gruppen zur Zeit Jesu / Münzen als Propaganda

Didaktische Hinweise

Als Einstieg bietet sich die Foto-Text-Collage »Münzen« (Materialheft, S. 38-39) an:

- Schauen Sie sich die abgefeilte Faustina-Münze auf S. 39 an: Warum feilten fromme Juden römische Münzen ab, und aus welchen Gründen stand auf dieses Delikt die Todesstrafe? (Einzelarbeit, anschließende Diskussion)

Die interessant gestaltete Doppelseite gibt eine Fülle von Detailinformationen über *Zeloten, Pilatus* und *Mk 12,14ff.*

Vorschlag für eine Exkursion

Die abgebildeten Münzen sowie andere originale Fundstücke aus biblischer Zeit befinden sich in den Ausstellungsräumen der *Bibelgalerie* im ehemaligen Dominikanerinnenkloster von Meersburg. Sie wird von der dortigen Evangelischen Kirchengemeinde, der Landeskirche und der Deutschen Bibelgesellschaft getragen. Das attraktive Museumsprojekt mit einem vielseitigen und wechselnden Ausstellungs- und Workshopangebot ist öffentlich zugänglich (Informationsmaterial erhältlich; Anschrift: Kirchstraße 4, 88709 Meersburg, Tel. 07532/5300).

Literatur

Wir verweisen auf die einschlägigen Artikel in den Fachlexika (TRE, EKL u.a.).
Außerdem:

G. Strecker / J. Maier, Neues Testament – Antikes Judentum, Grundkurs Theologie Band 2, Stuttgart u.a. 1989 (UTB), S. 174ff.: Pharisäer; S. 176f.: Zeloten und Sikarier; S. 171ff.: Essener; S. 170: Sadduzäer; dort jeweils weitere Literatur.

G. Stemberger, Pharisäer, Sadduzäer, Essener (Stuttgarter Bibelstudien 144), Stuttgart 1991.

Zu *»Münzen«*: W. Stenger, »Gebt dem Kaiser, was des Kaisers ist ...!« Eine sozialgeschichtliche Untersuchung der Besteuerung Palästinas in neutestamentlicher Zeit, Bonner Biblische Beiträge, Bd. 68, 1988.

Kapitel 25-27: Todesstrafe Kreuzigung / Jesu Verständnis seines Todes

Sachliche Hinweise

Zur Lithographie »Christus und Pilatus« weisen G. Rombold / H. Schwebel, a.a.O., S. 131f. darauf hin, daß der Künstler sich mit dem Schuldigen (Pilatus) identifiziert, der die Mitverantwortung für dieses Leiden trägt. Die angedeutete Leiter im Hintergrund ist bei Beckmann des öfteren ein Transzendenz-Symbol.

Zu den Thesen des Strafverteidigers *W. Fricke* fragten wir diesen, welche Gründe ihn bewegten, sein Buch »Standrechtlich gekreuzigt. Person und Prozeß des Jesus aus Galiläa« zu schreiben. Dr. Fricke schrieb uns am 30.12. 91 einen ausführlichen Brief, aus dem wir mit seiner freundlichen Genehmigung die folgenden Auszüge wiedergeben.

»... Ich entstamme einem evangelischen Elternhaus (meine Mutter war Herrnhuterin). Das Tisch- und Abendgebet war bei uns selbstverständlich, mit religiösen oder theologischen Fragen oder speziell mit der Frage nach dem historischen Jesus hatte ich mich bis zu meinem vierten Lebensjahrzehnt aber nicht weiter befaßt...

Eingeleitet wurde mein Interesse an der Thematik, das dann schließlich das Buch hervorbrachte, durch einen Zufall. 1969 kam zu mir in die anwaltliche Sprechstunde ein sympathischer älterer Mann, den ich ein Jahr zuvor in einer Bagatellangelegenheit (Blechschaden am Auto) vertreten hatte und der deswegen glaubte, ich sei für ihn auch in der neuen Sache der ›richtige‹ Anwalt. Er zeigte mir eine Vorladung, die er von der Staatsanwaltschaft bekommen hatte. ... es handle sich um eine ›Angelegenheit aus dem Krieg‹. Natürlich habe er sich nichts vorzuwerfen, sagte mir der Mann, wahrscheinlich sei er Opfer einer Verleumdung. Er unterschrieb mir eine Vollmacht, und so setzte ich mich mit der Staatsanwaltschaft in Verbindung ... Tatsächlich war mein Mandant angezeigt worden, er habe eigenhändig im Judenghetto von Tschenstochau, wo er 1942 als Polizist eingesetzt war, mehrere Juden erschossen. Als ich ihn mit diesem Vorwurf konfrontierte, sagte er mir, darüber könne er nur lachen, natürlich habe er niemals einen Menschen umgebracht, im Gegenteil, er habe vielen Juden geholfen... Wenn er jetzt angezeigt worden ist, so beweise das, wie undankbar gerade die Juden sein können; natürlich sei die Anzeige nur deshalb erfolgt, weil die Betreffenden sich davon materielle Vorteile erhoffen. Man kenne die Juden ja: Wo es Geld gäbe, da sind sie immer dabei und schrecken vor nichts zurück. Seit diesem Gespräch wußte ich immerhin das eine: Mein Mandant war ein typischer und unverbesserlicher Antisemit... Über die Juden sprach er abfällig; aber aufgrund seiner ganzen Persönlichkeit konnte ich ihm Taten, wie sie ihm vorgeworfen wurden, nicht zutrauen. Er war der Typ eines ehrlichen Mannes, eines soliden Schlossermeisters, der in jeder Hinsicht Vertrauen ausstrahlte. Oft brachte er zu Besprechungen seine Frau mit... Als sie mich einmal allein besuchte, schilderte sie mir, wie gütig und hilfsbereit ihr Mann sei, das könne jeder bestätigen, der ihn kennt...

Die Ermittlungen nahmen ihren Fortgang, und zwar auch noch, nachdem die Anklage erhoben und das Hauptverfahren vor dem Schwurgericht in Freiburg eröffnet war. Mehrmals flogen die Richter, der Staatsanwalt und ich nach Israel, wo wir solche jüdischen Zeugen vernahmen, die den Krieg (teilweise auch Treblinka) lebend überstanden hatten, die sich aber weigerten, als Zeugen nach Deutschland zu kommen...

1974 fand dann vor dem Schwurgericht in Freiburg die Hauptverhandlung statt... Die Staatsanwaltschaft wurde vertreten durch Oberstaatsanwalt Dr. Leibinger, jetzt Professor für Strafrecht an der Universität Kon-

stanz. Die Sache stand schlecht für meinen Mandanten. Den einhellig belastenden Aussagen der überlebenden Opfer stand eigentlich nur seine immer wieder vorgebrachte Beteuerung entgegen, es handle sich um ein Komplott gegen ihn, er habe – wörtlich: ›niemals einen Schuß aus seiner Dienstpistole abgegeben‹.
Angeklagt hatte die Staatsanwaltschaft acht Tötungshandlungen (Erschießungen), wobei Dr. Leibinger durchblicken ließ, ... dringend tatverdächtig sei der Angeklagte wegen einer Vielzahl weiterer Erschießungen. Ein näheres Gespräch über das Konzept der Verteidigung konnte ich mit meinem Mandanten nicht führen. Das wäre nur dann möglich gewesen, wenn er die Taten eingeräumt und dadurch mich in die Lage versetzt hätte, nach den Ursachen und Motiven seines Handelns zu forschen. So also war ich darauf angewiesen, gleichsam ›selbst auf die Suche zu gehen‹, und das war in Anbetracht des Leugnens der Taten nur in einer ganz abstrakten Weise möglich. Ich mußte mich mit dem generellen Problem des Antisemitismus (›Antijudaismus‹, wie man richtigerweise sagen sollte) befassen, indem ich mir die Frage stellte, wie es wohl kommt, daß Leute wie dieser sympathisch wirkende Schlossermeister, treusorgende Familienvater, rührende Opa, in bestimmten Situationen keine Bedenken haben, andere Menschen zu töten, sofern es sich bei diesen Menschen um Juden handelt... Zuerst also konzentrierte ich mich auf unsere unmittelbare nationale Vergangenheit. Voll in dieses Umfeld hineinstellen mußte ich meinen Mandanten, diesen Mann, der, als er die Tat beging, 28 Jahre alt war... Wer konnten seine Leitbilder, seine Vorbilder sein? Andere als durchweg radikale Judenhasser kannte er doch überhaupt nicht... Ich habe mich also, als ich mich auf die Ausarbeitung meines Plädoyers vorbereitete, mit diesem Phänomen jüngster deutscher Geschichte auseinandergesetzt...
Das Urteil fiel dann so aus, wie es in vergleichbaren Fällen gemäß der BGH-Rechtsprechung immer ausfällt: Nachdem die Taten des Angeklagten zweifelsfrei festgestellt worden waren, wurden sie als achtfacher Mord angesehen, Herr K. wurde zu lebenslanger Freiheitsstrafe verurteilt. Verbüßt hat er die Strafe in Singen... mit relativ gelockertem Strafvollzug. Die Wochenenden hat er des öfteren zu Hause bei seiner Familie verbringen dürfen... Gnadengesuche sind vom Justizministerium aber immer abschlägig beschieden worden. Wie ich hörte, ist er jetzt, nach wohl 18jähriger Haft, entlassen worden. Den Kontakt zu mir hatte er gleich nach seiner Verurteilung abgebrochen...
Nach diesem langen... Vorspann (der mir Gelegenheit gegeben hat, die zwanzig Jahre zurückliegenden Dinge noch einmal in meine genauere Erinnerung zu rufen) komme ich zur Beantwortung Ihrer eigentlichen Frage. Als ich mich mit dem Judenhaß während der Hitler-Zeit befaßte, stieß ich zwangsläufig auf die banale Erkenntnis, daß dieser Judenhaß keineswegs eine typisch deutsche Erscheinung ist und daß er natürlich auch viel älter ist als Adolf Hitler. Es gibt einen historischen Antijudaismus, und der ist ... besonders ausgeprägt in Ländern mit christlicher Tradition. Es gibt, anders ausgedrückt, einen historischen ›christlichen‹ Antijudaismus.
Seit es Christen gibt, reden Christen über Juden. Seit Christen über Juden reden, sprechen sie die Sprache der Feindschaft und Verachtung. Dafür stehen Namen, um nur einige wenige herauszugreifen, wie Martin Luther, Thomas von Aquin, Franz von Assisi, Ambrosius, Augustinus, Origenes, Tertullian. Bei ihnen allen stößt man auf eine ganz schlimme Judenfeindschaft. Und wenn man dann noch einen Schritt weiter zurückgeht, dann ist man bei den Evangelien und den sonstigen Autoren des Neuen Testaments... Wann immer ›Christen‹ ihren Judenhaß austobten, konnten sie sich dabei auf das Matthäus- und auf das Johannes-Evangelium berufen. Aus der These von der Schuld der Juden am Tode Jesu und der dazugehörigen Matthäus-Stelle von der Selbstverfluchung wurde über fast zwei Jahrtausende hinweg so eine Art Rechtstitel abgeleitet, der zur Diskriminierung, Vertreibung und Ermordung dieses Volkes diente...
Noch in keinem Brief sonst... habe ich so ausführlich über die Hintergründe meines Buches geschrieben. Es hat mir aber gutgetan, auch mir selbst gegenüber, diesen Fragen einmal nachgegangen zu sein. Mit den besten Grüßen. Ihr *W. Fricke*«

Die grundlegende Studie, auf die sich W. Fricke öfter stützt, stammt von dem in London lebenden Gelehrten *P. Winter*. Sie findet sich deutsch in einer Zusammenfassung in seinem Aufsatz *Zum Prozeß Jesu,* in: Antijudaismus im Neuen Testament? hrsg. von W. Eckert u.a., München 1967. S. 95ff. Daraus die folgenden Zitate (S. 102-104):

»Die kritisch-sachliche Untersuchung der Evangelienberichte über den Prozeß Jesu läßt keinen Zweifel daran zu, daß es politische Gründe waren, durch die sich die Behörden in Jerusalem bewogen sahen, Jesus zu beseitigen. Er wurde als Aufständischer verhaftet und als Kronprätendent verurteilt. Damit ist nicht gesagt, daß Jesus tatsächlich als Anwärter herrscherlicher Machtbefugnisse in Judäa aufgetreten sei.«

»Das Bemühen aller Evangelisten, zu verschweigen, daß es Roms Statthalter war, der Jesus zum Kreuzestod verurteilte, findet seine Erklärung in der Notlage, in der die Kirche – spätestens seit Nero – sich befand. Die Evangelisten hatten Anlaß, sich um die Gunst oder mindestens Duldung der Staatsmacht zu bewerben, deren Repräsentant es war, der Jesus von Nazareth hatte als ›Judenkönig‹ ans Kreuz schlagen lassen.«

Zur Schuldzuweisung für den Tod Jesu an die Juden, die in der Redaktion des Mt-Evangeliums erfolgt, vgl. W. Schenk, Artikel *Leidensgeschichte Jesu,* in: TRE 20, 1990, S. 714ff., hier: S. 717.

Der im Materialheft erwähnte *Claude Goldsmith Montefiore* (1858-1938) war Judaist und progressiver Denker des liberalen Judentums in England. Dem Zionismus stand er ablehnend gegenüber, weil für ihn das Judentum eine rein religiöse Gemeinschaft sein sollte. Er bemühte sich lebenslang um eine Annäherung zwischen liberalen Juden und liberalen Christen und verfaßte einen zweibändigen Kommentar zu den synoptischen Evangelien (London 1909), aus dem die im Materialheft, S. 42, zitierte Äußerung stammt.

Zu allem, was mit Kreuzigung zusammenhängt, vgl. den Artikel von *H.W. Kuhn,* Kreuz, in: TRE 19, 1990, S. 713ff. Vom gleichen Autor stammt die ausführliche Erörterung des bisher einzigen Fundes von Überresten eines Gekreuzigten aus Palästina z.Zt. Jesu, eines etwa 24-28jährigen Mannes namens *Jehochanan,* dessen Gebeine in einem Ossuar (Gebeinetruhe aus Stein) in Jerusalem 1968 gefunden wurden. Spezialisten der Archäologie und Anatomie haben seine Kreuzigung rekonstruiert (z.B. seitliche Annagelung der beiden gekrümmten Beine mittels eines Nagels und darüber gelegtem kleinen Akazienholzbrett; der Kreuzstamm bestand, wie Spuren am Nagel zeigen, aus Olivenholz). Im gleichen Ossuar lagen auch noch die Knochen eines drei- bis vierjährigen Kindes, das nach der Aufschrift auf dem Ossuar ebenfalls *Jehochanan* hieß, und zwar mit dem Zusatz: »Ben hagqol« = »Sohn des Gekrümmten«, d.h. dessen, dem man beim Kreuzigen die Beine gekrümmt hat.

Jesu Verständnis seines Todes
H. Schürmann kommt in seiner Untersuchung »Jesu Geschick – Gottes Reich. Jesu ureigener Tod im Licht seiner Basileia-Verkündigung«, Verlag Herder, Freiburg 1983, zu folgendem Ergebnis (S. 208, 242):

»Daß Jesus als der ›absolute eschatologische Heilsbringer‹ sein Heilsangebot im Tode durchgehalten hat und seinen Tod heilsbedeutsam gedacht hat, ist also die wahrscheinlichere Annahme. Damit ist freilich ausdrücklich noch nicht der Gedanke der stellvertretenden Sühne erreicht, vielmehr nur erst eine unbestimmte und *potentielle* ›Heilsbedeutsamkeit‹... Man muß... die *Möglichkeit* offen halten: Jesus *kann* der Gedanke, sein Tod könne als Märtyrertod Heils-, vielleicht sogar Sühnebedeutung haben, aus seiner von Kultvorstellungen geprägten Umwelt zugekommen sein. Er konnte ihn in dieser Sprachgestalt von daher seinen palästinensischen Hörern dann auch verständlich machen.«

Zum Abendmahlsbild von Dali
Das Bild des spanischen Surrealisten Dali entstand 1955 und hängt heute in der National Gallery of Art in Washington D.C. *K.v. Maur* (Salvador Dali. 1904-1989, Stuttgart 1989) weist darauf hin, daß Dali dem »gemarterten Christus des Grünewald«, den er für »materialistisch« und »antimythisch« hält, sein an der Renaissance orientiertes, veredeltes Schönheitsideal des »Beau Christ« entgegensetzt.

Didaktische Hinweise

Zur Frage nach Jesu Verständnis seines Todes s. Aufgabe Materialheft, S. 43 unten.
Zur Frage nach der *Schuld am Prozeß und Tod Jesu* sowie zur Frage nach den Gründen und der Wirkungsgeschichte des *Antijudaismus im NT*, die unbedingt im Unterricht besprochen werden müssen, bietet das Materialheft, S. 37 (Pharisäer) und 40-43, sowie die »Sachlichen Hinweise« zu Kap. 9 und 25-27 im Lehrerheft Basis- und Hintergrundinformation für Einzel-, Gruppen- oder Hausarbeit.

Literatur

Chr. Burchard, Jesus von Nazareth, in: J. Becker u.a., Die Anfänge des Christentums. Alte Welt und Neue Hoffnung, Stuttgart u.a., S. 55f.
H. Schürmann, Jesu Geschick – Gottes Reich. Jesu ureigener Tod im Licht seiner Basileia-Verkündigung, Freiburg 1983.

Kapitel 28-29: »Was sucht ihr den Lebenden bei den Toten?«/ Ostern – Hoffnung über den Tod hinaus

Sachliche Hinweise

Fra Angelico
Der Dominikanermönch *Guidolino Petri del Angello* erhielt wegen seiner Frömmigkeit von seinen Mitbrüdern den Namen *»Fra Giovanni Angelico«* (1387-1455).
Giorgio Vassari (1511-1574) schreibt über ihn: »Betend ging der an die Arbeit, und hatte er ein Bild vollendet, so verehrte er betend die dargestellten Heiligen, denn die Form war ihm nur die Hülle des Geistes, den er in sie gelegt hatte und der aus dem vollendeten Werk zu ihm sprach.«
In einer der Zellen des Klosters San Marco in Florenz findet sich das im Materialheft abgebildete Oster-Fresco.

Johannes Schreiter
Zum Osterfenster von Johannes Schreiter, Materialheft, S. 45:
Wir sind Professor J. Schreiter zu besonderem Dank verpflichtet, daß er uns aus seinem Privatarchiv bisher unveröffentlichte Fotos seines Osterfensters aus der Melanchtonkirche in Mannheim für *Oberstufe Religion* zur Verfügung gestellt und in einem Brief vom 4. Januar 1992 einige Hinweise zur Interpretation gegeben hat:

»... anbei die beiden angekündigten Kleinbilddias vom Auferstehungsfenster der Melanchtonkirche in Mannheim. Angedeutet darauf die dunkle Gruft, aus der die weiße, nach oben geöffnete ›Klammer‹-Form aufsteigt ...
Ich wünsche Ihnen vor allem, daß es Ihnen mit diesen Arbeitsheften wieder gelingt, Jugendlichen neuen Mut zum Glaubens-›Abenteuer‹ zu machen und die Dimension der Bibel-*Kritik* weitgehend auszublenden. Die *Zweifel* stellen sich ja bei so einseitig rationalistisch orientierten Menschen wie denen des 20. Jahrhunderts ohnedies viel zu schnell und vorlaut ein, dafür brauchen wir bestimmt nicht extra zu sorgen.
Mir ist eins klargeworden: Wer diesen Jesus von Nazareth als den Auferstandenen und folglich *Lebenden erfahren* will, dem bleibt nichts anderes übrig, als den Sprung in die ungesicherte Tiefe des *Transrationalen* zu wagen; andernfalls *bleibt* es bei dem Gegängelt-Werden durch das nur Denkbare. Den jungen Intellektuellen müßte m.E. wieder vermittelt werden, daß menschliches Denken eine ziemlich limitierte und dazu noch irrtumsfreundliche Möglichkeit der Daseinsbewältigung ist. – Aber wem sage ich das ?!
– Die Pferdchen sind wieder einmal mit mir durchgegangen.
– Mit herzlichen Grüßen
Ihr Johannes Schreiter.«

Zur Bedeutung der o.g. »Klammer«-Form verweist Schreiter auf *Hans Gercke*, Spuren und Zeichen des Heils. Zu den Fenstern der Mannheimer Melanchtonkirche von Johannes Schreiter, in: das münster. Zeitschrift für christliche Kunst und Kunstwissenschaft, 44. Jg., 1991, S. 265-269, Verlag Schnell & Steiner, München, hier S. 266:

»Auch in Mannheim operiert der Künstler mit dem immer neuen Variieren einiger weniger markant voneinander unterscheidbarer ›Vokabeln‹ und entwickelt aus diesen eine prägnante Syntax, in die zwar nicht mehr, wie in Heidelberg, faksimilierte Textfragmente einbezogen sind, wohl aber Elemente, die in mehrfacher Hinsicht schriftartigen Charakter aufweisen. Im einzelnen handelt es sich dabei um folgende ›Bausteine‹: 1. Die *opake weiße Fläche*, in Mannheim realisiert durch Acrylglas, ist der lichte, neutrale Hintergrund, der in durchaus ambivalenter Weise gleichzeitig als Öffnung und rhythmische Unterbrechung, aber auch als optische Weiterführung der Wand fungiert: Erst jetzt erhält der zuvor durch verglaste Fensterschlitze unterbrochene Raum seine bergende Geschlossenheit ... 3. *Signetartige, Pictogrammen vergleichbare Zeichen* ... bestehen aus Varianten eines einfachen, einprägsamen U-Motivs, einer Art Klammer, die sich aus drei in der Regel rechtwinklig miteinander verbundenen Balken oder Schenkeln zusammensetzt. Dieses Motiv ist einerseits herzuleiten vom Bild der Hand, es steht von daher für ›geben‹ und ›nehmen‹, für Kommunikation im Sinne der Korrespondenz von ›Sender‹ und ›Empfänger‹, darüber hinaus aber, als ›pars pro toto‹, für den Menschen schlechthin, in der konkreten Ikonographie der Mannheimer Fenster präzise lesbar als Zeichen für Christus und seine Gemeinde, für den Fall und die Erlösung der Menschheit ...«

Ergänzendes Material

Der Neutestamentler *Klaus Wengst* faßt in seinem Buch »Ostern – Ein wirkliches Gleichnis, eine wahre Geschichte«, © Chr. Kaiser Verlag, München 1991, S. 91ff. zusammen, was unter den der historischen Methode verpflichteten Forschern bei der Interpretation der Auferstehungsgeschichte konsensfähig ist:

»Die Erscheinungsgeschichten sind Zeugnisse, die zum Glauben daran einladen wollen, daß Gott Jesus von den Toten auferweckt hat. Es sind Geschichten, die selbst schon von diesem Glauben herkommen. Sie bieten keine handfesten ›Beweise‹ außerhalb des Glaubens und erzählen auch nicht von Jesus als einem ›Gott zum Anfassen‹. Gelegentlich könnte es so scheinen, daß der Verfasser von Lukas-Evangelium und Apostelgeschichte zu einer solchen Vorstellung hinneige (Lukas 24, 36-43; vgl. Apostelgeschichte 1,3f.; 10,41). Doch war deutlich geworden, daß es ihm dabei um die Identität des Auferweckten mit dem Irdischen geht, er sich dazu aber nicht ganz unproblematischer Mittel bedient. Die übrigen Geschichten legen es ohnehin nicht nahe, als wäre die Gegenwart Gottes im erscheinenden Jesus so vorzustellen, daß man sich davon handgreiflich überzeugen könnte. In der Thomaserzählung (Johannes 20,24-29) findet sich zwar der Wunsch des Jüngers, die Wundmale Jesu zu berühren; und er wird auch von Jesus, als er ihm begegnet, aufgefordert, es zu tun. Aber es ist sicherlich kein Zufall, daß eine Ausführung dieses Tuns dann nicht erzählt, sondern statt dessen sofort das Bekenntnis des Thomas berichtet wird...
Beweise, wie sie Kelsos und Reimarus fordern, bieten die Erscheinungsgeschichten der Evangelien nicht. Sie wollen bezeugen, daß Jesus von den Toten auferweckt worden ist. Das ist das eine ›Faktum‹, auf das sie bezogen sind, von dem sie herkommen und auf das sie hinweisen. Was der Seher Johannes in seiner Vision von Jesus Christus nach Offenbarung 1,18 gesagt bekommt: ›Ich war tot, und siehe, ich bin lebendig‹, darin besteht die sachliche Übereinstimmung und die gleiche Meinung *aller* dieser – sehr, sehr sagenhaften! – Berichte...
›Historische Fakten‹ enthalten sie nicht. In dieser Hinsicht liegt ihnen nur der Tatbestand zugrunde, daß es Erscheinungsformen gegeben hat. Die konkret erzählten Erscheinungen lassen sich jedoch nicht historisch identifizieren. Mit ihrer Hilfe einen historischen Geschehensablauf zu rekonstruieren, wäre ein kühnes Unterfangen, das über Vermutungen nicht hinauskäme. Mit kritischer Vorsicht läßt sich allenfalls wahrscheinlich machen, daß Anhängerinnen Jesu auch historisch mit seinem Grab in einer Verbindung gestanden haben müssen. Aber schon der mögliche weitere Schluß, Maria

aus Magdala sei die erste gewesen, die eine Erscheinung des auferweckten Jesus gehabt habe, bleibt im Bereich des bloß Hypothetischen...
Was dabei herauskommt, wenn man die Ostergeschichten der Evangelien in allen ihren Angaben historisch liest, hat mit zwingender Logik bereits Reimarus in dem oben genannten Fragment demonstriert. Auf diesem Feld gibt es kein Entrinnen, sondern nur heillose Verstrickung in unauflösliche Widersprüche. Wie es da erzählt wird, kann es historisch nicht gewesen sein. Reimarus hat daraus geschlossen, die Jünger hätten den Leichnam Jesu gestohlen und versteckt, die Botschaft von seiner Auferstehung erfunden und sich dabei nicht genau genug verabredet, was sie sagen sollten. Da habe der eine dies und der andere das erzählt, und so sei es zu den widersprüchlichen Geschichten gekommen. Was diese Texte aber wirklich sagen wollen, nimmt Reimarus auf diese Weise gar nicht wahr. Die Evangelisten und andere Erzähler vor ihnen haben sich, selbst im wahrsten Sinn des Wortes be-geist-ert von der lebendigen Gegenwart Jesu, nicht gescheut, mit kreativer Phantasie das Zeugnis der ersten Zeugen, das diese aufgrund ihnen widerfahrender Erscheinungen Jesu aussprachen, in Geschichten umzusetzen. In ihnen erscheint Jesus nun auch ihrer Leser- und Hörerschaft als von den Toten Auferweckter. Die Phantasie der Erzähler und die unterschiedlichen Situationen der Leserinnen und Leser und Hörerinnen und Hörer, in die hinein jeweils erzählt wird, bedingen das, was – mit der historischen Meßlatte gemessen – als widersprüchlich bezeichnet werden muß. Die Ostergeschichten sind eben – das sei noch einmal betont – Geschichten. Und sie sind darin wahre Geschichten und wirkliche Gleichnisse, daß sie Zeugnis ablegen für die Auferweckung Jesu und seine lebendige Gegenwart, daß sie Fingerzeige dafür geben, die Spuren seiner Gegenwart wahrzunehmen und ihnen zu folgen.«

Exkurs

Zur Überlieferung des leeren Grabes

Die Überlieferung der Feststellung, daß Jesu Grab leer war, ist in der Forschung umstritten. Entweder hält man sie für ganz ungeschichtlich (R. Bultmann: »apologetische Legende«; ähnlich G. Bornkamm und H. Conzelmann), oder man vermutet doch wenigstens einen historischen Kern darin (H. von Campenhausen: »Die Nachricht vom leeren Grab ... ist ... wahrscheinlich historisch«, ähnlich U. Wilckens und J. Roloff). Für die Geschichtlichkeit spricht u.a., daß die Stelle Mk 16,1-8 kaum als Legende zum Zweck einer Auferstehungsgeschichte erfunden sein kann: Einmal galten nämlich Frauen damals nicht als rechtsverbindlich angesehene Zeugen; zum anderen erweckt das leere Grab bei den genannten Frauen gerade nicht unmittelbar den Glauben an die Auferstehung Jesu, sondern nur Furcht und Verwirrung (der erscheinende Deuteengel in den Versen 5-7 ist vielleicht ein nachträglich zugefügter legendenhafter Einschub). Erst in einer zu späterer Zeit ausgestalteten Erzählung über das leere Grab wird gesagt, daß der Anblick des leeren Grabes zum Glauben führt (Joh 20,8). Die Erscheinungen des auferstandenen Jesus vor Petrus und dem Jüngerkreis sind unabhängig von der Entdeckung des leeren Grabes (das ja nahe bei Jerusalem lag) wohl in Galiläa erfolgt, wohin die Jüngerschar geflüchtet war. Daraufhin scheinen die Jünger nach Jerusalem zurückgekehrt zu sein und haben erst dort durch die Frauen vom Leersein des Grabes Kunde erhalten. Das leere Grab allein konnte und kann nie als »Beweis« für die Auferstehung Jesu dienen, weil es genauso gut auch für die Behauptung eines Leichenraubes verwendet werden kann, wie schon die Erzählung in Mt 28,11-15 zu berichten weiß.

Jesu Tod – von der Auferstehung her betrachtet
Zur theologischen Deutung des Todes Jesu im NT vgl. die gute Zusammenstellung von S. Schulz im NTD, Band 4, Göttingen 1975, S. 237-238 (Leiden des Gerechten, Gehorsam des Gottessohnes, Opfer zur Sündenvergebung, »Erhöhung« des göttlichen Gesandten – so die verschiedenen Deutungsmodelle). Ausführlich behandelt die mit der Auferweckung zusammenhängenden Probleme W. Pannenberg in: Grundzüge der Christologie, Gütersloh 1964, S. 47-105. Als überblickartigen Arbeitstext verweisen wir auf: Evangelischer Erwachsenenkatechismus, Gütersloh 1975, S. 395f.

Die Deutung von Jesu Tod und Auferstehung im nichtchristlichen Bereich

○ Islam
Schon um 140 n. Chr. hat ein christlicher Theologe namens Basilides in Alexandrien (Ägypten) die Auffassung vertreten: »Christus hat nicht gelitten, sondern ein gewisser Simon von Kyrene, den man zwang, für ihn das Kreuz zu tragen. Dieser wurde irrtümlich gekreuzigt, nachdem er von ihm (nämlich von Jesus) verwandelt war, so daß er für Jesus gehalten wurde. Jesus aber nahm die Gestalt des Simon an und lachte ihn aus, indem er dabeistand.« So berichtet der Kirchenvater Irenäus, der ein Zeitgenosse des Basilides war. Das ganze ist nichts anderes als reine Spekulation. Sie erscheint dann fast 500 Jahre später wieder im Koran, wo es heißt: Die Juden »haben ihn aber nicht getötet, und sie haben ihn nicht gekreuzigt, sondern es erschien ihnen eine ihm ähnliche Gestalt... Und sie haben ihn nicht mit Gewißheit getötet, sondern Gott hat ihn zu sich erhoben« (Sure 4, 157-158, Übersetzung von A.T. Khoury und M.S. Abdullah, GTB 783, Gütersloh 1987).
Neuerdings bemühen sich einige Schriftsteller aus der arabischen Welt um ein positives Verständnis Jesu, so z.B. der Ägypter *Fathi Utman* in seinem 1961 erschienenen Buch »Mit Christus in den vier Evangelien«. Darin wird vor allem die soziale Botschaft Jesu sowie dessen freie und trotzdem observante Interpretation des im Gesetz der Juden zum Ausdruck gekommenen Gotteswillens hervorgehoben; vgl. dazu F.W. Marquardt, a.a.O., S. 22f., wie überhaupt den Abschnitt seines Buches »Jesus unter Moslems«, S. 14ff.

○ Judentum
Sehr interessant und erwähnenswert sind die Urteile jüdischer Gelehrter zu diesem Thema. 1922 schrieb Joseph Klausner in Hebräisch sein großes Buch »Jeschu han-notzri« (Jesus von Nazareth), in Deutsch dann 1925 erschienen und 1934 und 1952 neu aufgelegt (wir zitieren nach der Auflage von 1952). Dieses Buch gilt im jüdischen Bereich immer noch als Standardwerk und stellt Jesus als einzigartigen, speziell die Liebe Gottes predigenden und subjektiv sich als Messias fühlenden jüdischen Lehrer dar. Klausner lehnt die oft vertretene »Leichenraub-Hypothese« ab: »Es ist kaum anzunehmen, daß die Jünger selbst den Leichnam gestohlen haben. Sie waren noch so bestürzt und niedergeschlagen über den schrecklichen Tod ihres Meisters, daß sie nicht gewagt hätten, den Toten aus seinem Grab zu nehmen« (a.a.O., S. 498f.). »Eine Religion, an der Millionen festhalten, kann nicht durch absichtlichen Betrug geschaffen worden sein« (a.a.O., S. 496). Über diese Feststellung geht P. Lapide noch wesentlich hinaus (in seinem Buch »Auferstehung. Ein jüdisches Glaubenserlebnis«, Stuttgart / München ^{6}1991): »In keinem der Fälle, wo in der rabbinischen Literatur von solchen Visionen die Rede ist, kam es in der Folge zu einer wesentlichen Änderung ... derer, die Gesichte erlebt hatten. Es blieb bei der Vision, die in gläubiger Verwunderung nacherzählt und manchmal auch aufgebauscht wurde; sie hatte aber keine feststellbaren Folgen. Anders bei den Jesusjüngern an jenem Ostersonntag. Allen legendären Verschöne-

rungen zum Trotz bleibt in den ältesten Berichten ein erkennbar historischer Kern übrig, der sich einfach nicht entmythologisieren läßt ... Rein logisch analysiert, ist also die Auferstehung Jesu ›das kleinere Übel‹ für all diejenigen, die eine rationale Erklärung für die weltweiten Konsequenzen jenes Osterglaubens suchen« (a.a.O., S. 76f.). Theologisch folgert er daraus: »Die Erfahrung der Auferstehung als Gründungsakt der Kirche, die den Glauben an den Gott Israels in das ganze Abendland getragen hat, muß also zum Heilsplan Gottes gehören« (a.a.O., S. 87). Jesus starb nach Lapide als Sühnopfer und stand somit in der Reihe jüdischer Märtyrer aller Zeiten. »Im Grunde war die Auferstehung für die Jünger ein Fingerzeig, daß ihr Meister durch seinen Martertod erreicht hatte, was Juden seit Makkabäerzeiten von ihren großen Blutzeugen erhofft hatten« (a.a.O., S. 89f.). »So ist die Sache Jesu im Grunde die Sache Israels« (a.a.O., S. 92). Näher kann ein Jude, der seiner angestammten Religion treu bleiben will, der christlichen Glaubensüberzeugung wohl gar nicht kommen, als das bei Lapide geschieht.

Didaktische Hinweise

Im Materialheft sind die S. 44-45 als eine Einheit konzipiert: Die gegenübergestellten Bilder, die ein halbes Jahrtausend trennt, laden unmittelbar zum vergleichenden Betrachten ein:

- Wie *wirken* diese Bilder auf Sie? (erster Eindruck)
- Was *sehen* Sie? (exakte Bildbeschreibung)
- Können Sie *Gemeinsamkeiten* der Motive und *Unterschiede* entdecken?
- Spricht Sie eines der beiden Bilder mehr an?
- Wie würden Sie das »Thema« *Ostern* gestalten?

Die Schülerinnen und Schüler können die faszinierende Entdeckung machen, wie bestimmte Motive (leeres Grab; die nach oben zum Auferstandenen weisende Hand des Engels) einmal »wörtlich«-realistisch gestaltet und im 20. Jahrhundert »symbolisch«-abstrakt interpretiert werden, und sie können über die unterschiedliche künstlerische Darstellung vielleicht ihren eigenen Zugang zu den Osterzeugnissen des Neuen Testaments finden.
Die unterrichtliche Erfahrung wird zeigen, welcher religionspädagogische Weg sich beim Osterzeugnis als der fruchtbarere erweisen wird: der Zugang über das Zeugnis von Künstlern und Dichtern oder der Zugang über abiturable Texte mit der Zielvorgabe »Punktesammeln fürs Abitur«. Mit der folgenden Aufgabenstellung bauen wir eine Brücke zwischen beiden Zugängen:

- Erstellen Sie eine inhaltliche Übersicht der verschiedenen Textgattungen neutestamentlicher Auferstehungstexte:

1. *Bekenntnis-Tradition:* z.B. 1. Kor 15,3-5;
2. *Tradition vom leeren Grab:* Mt 28,1-8 und Parallelen;
3. *Tradition der Erscheinungserzählungen:* Mt 28,16-20; Lk 24, 13ff.; Joh 20,14ff.; 21,1ff.

Literatur

K. Wengst, Ostern – Ein wirkliches Gleichnis, eine wahre Geschichte, München 1991.

Kapitel 30: Würdetitel Jesu

Sachliche Hinweise

Generell dürfte zu beachten sein, was *U. Luz* in seiner »Thetischen Skizze der matthäischen Christologie« feststellt: »Man kann ... nicht einfach einen einzelnen christologischen Titel als »hauptsächlichen« Titel bezeichnen. Jeder von ihnen umfaßt besondere Aspekte gegenüber anderen ... Von der mt Jesusgeschichte her kann man eher sagen: ›Christology is in the whole story‹« (in: Anfänge der Christologie: Festschrift für Ferdinand Hahn zum 65. Geburtstag, Göttingen 1991, S. 235).

Zu Dali, »Le Christ de Gala«:
Dali identifiziert die bei diesem Bild angewandte Stereoskopie mit der Dreieinigkeit: »Der Vater das rechte Auge (des Betrachters), der Sohn das linke Auge und der Heilige Geist das Gehirn.« Dali nennt dies »metaphysischen Hyperrealismus«.

Weitere Würdetitel Jesu im Neuen Testament

Menschensohn
aramäisch = »Mensch« im Sinne eines Einzelwesens.
Im AT wird der Prophet Hesekiel als »Menschensohn« (Luther: »Menschenkind«) angeredet (Hes 2,1; 11,4 u.a.). Im Danielbuch (7,13-14) wird das verfolgte jüdische Volk als »Menschensohn« bezeichnet, während die verfolgenden heidnischen Machthaber und Völker als Monsterwesen dargestellt werden (Tiere: Bär, Panther, Löwe mit Flügeln und mehreren Köpfen oder Hörnern). Die Juden z.Z. Jesu hofften darauf, daß ein vollkommener Mensch (»Menschensohn«) die Heilszeit heraufbringen wird. Jesus hat sich wohl selbst als dieser »Menschensohn« verstanden, ein von Gott mit prophetischer und heilender Vollmacht ausgestatteter »Mensch«, der mißverstanden wird (Mt 11,19), heimatlos bleibt (Mt 8,20) und dienend sein Leben für andere hingibt (Mk 10,45).

Rabbi
= »mein Herr«, damals Anrede an Lehrer der Bibel und des Religionsgesetzes, meist mit einem Schülerkreis (»Jünger«). Jesus ließ sich die Anrede »Rabbi« gefallen (Mk 11,21). Wie andere Schriftgelehrte seiner Zeit äußerte sich Jesus in Form von Lehrvorträgen, Gesprächen und Diskussionen in der Synagoge, im Lehrhaus und auf Plätzen im Freien (Märkte, Schattenbäume) und bei geselligen Anlässen (Feste, Mahlzeiten) in Häusern.
Jesus unterschied sich von einem Rabbi:
1. Er war nicht nur Lehrer, sondern auch mit prophetischen und heilenden Kräften begabt.
2. Seine Schüler (»Jünger«) berief er in eine unsichere und gefährliche Lebensgemeinschaft mit ihm selbst. Sie sollten nicht in erster Linie irgendwelche Überlegungen lernen, sondern den Meister beim Lehren und Heilen unterstützen (Mk 3,14-15).
3. Jesus ging beim Lehrgespräch nicht wie die Schriftgelehrten von einem Bibelzitat aus, sondern von einem Problemfall oder Thema (z.B. die Gottesherrschaft). Dabei sprach er gerne in Bildern und Gleichnissen.

Davidssohn
= der stammbaummäßige »Nachkomme des Königs David« oder der »Messias«. Obwohl Jesus sich nicht als Messias betrachtet hat, haben ihn manche Zeitgenossen so verstanden und »Sohn Davids« genannt (Mt 21,9; vgl. Sach 9,9).
Daß nach Mk 10,46-52 ein blinder Bettler, der geheilt werden will, Jesus mit »Davidssohn« anruft, könnte auch noch einen anderen Grund haben: Der direkte »Sohn« = Nachkomme Davids war Salomo. Salomo aber galt im alten und mittelalterlichen Judentum zugleich als großer Gelehrter und

Austreiber von Krankheitsdämonen. So erzählt z.B. der Schriftsteller Josephus, der nicht lange nach Jesus lebte, von einer Krankenheilung durch einen jüdischen Dämonenaustreiber namens Eleazar: »Er hielt unter seine (d.h. des Kranken) Nase einen Ring, in dem eine von den Wurzeln eingeschlossen war, welche Salomo angegeben hatte, ließ den Kranken daran riechen und zog so den bösen Geist durch die Nase heraus« (Jüdische Altertümer Buch 8,2,5). Der Ausdruck »Sohn Davids« – »Salomo« könnte im Munde des hilfeheischenden Kranken von Mk 10 also auch in dieser Hinsicht verstanden worden sein: »Jesus, du Salomo (= Dämonenaustreiber), erbarme dich meiner Krankheit« (Krankheiten, auch Blindheit, wurden vielfach als von Dämonen verursacht angesehen). Doch kann über Jesus auch gesagt werden: »Hier ist mehr als Salomo« (Lk 11,31)!

Herr
»Herr« war ursprünglich eine Höflichkeitsanrede an Jesus (Mk 7,28). Erst später haben seine Anhänger darin eine herrscherliche Hoheitsbezeichnung gesehen, wobei sie sich auf bestimmte Stellen im Alten Testament stützten: Ps 110,1; Joel 3,5. In dem Ruf »Maranatha« (= »unser Herr, komm«) gab die Urgemeinde dem auferstandenen und erhöhten Jesus denselben Ehrentitel wie Gott (1. Kor 16,22; Offb 22,20). Hinter dieser Anrede steht die Übersetzung »Herr« für »Jahwe« (alttestamentlicher Gottesname, den die Juden nicht aussprechen) in der griechischen Übersetzung des Alten Testaments.

Heiland
Aus dem Griechischen = »Retter«, »Heilmacher« bzw. »Heilbringer«. Griechen und Römer nannten eine rettende und heilende Gottheit oder auch einen irdischen Herrscher »Heiland«. Ein Beispiel für den politisch-irdischen Gebrauch des Wortes ist die sogenannte Kalenderinschrift aus Priene in Kleinasien aus dem Jahr 9 v. Chr. Sie war zum Geburtstag des Kaisers Augustus verfaßt und an verschiedenen Orten des Landes öffentlich aufgestellt. In ihr heißt es u.a.: »Die Vorsehung ... hat ihn (d.h. Augustus) uns und den Unsrigen als *Heiland* gesandt: Er hat den Krieg beendet und alles wohl geordnet ... Der Geburtstag des Gottes (gemeint ist wieder Augustus, den man ungeniert zum Gott hochstilisierte) wurde für die Welt zum Anfang der seinetwegen ausgehenden *Freudenbotschaften* (wörtlich steht hier: ›Evangelien‹).«

Literatur

F. Hahn, Christologische Hoheitstitel. Ihre Geschichte im frühen Christentum, Göttingen ^{2}1964.
P. Pokorný, Die Entstehung der Christologie. Voraussetzungen einer Theologie des Neuen Testaments, Stuttgart 1985, S. 46ff.
Außerdem: die einschlägigen Fachlexika.

Kapitel 31: Christusbekenntnisse heute

Didaktische Hinweise und Literatur

finden sich im Materialheft, S. 50-51.

Kapitel 32 und 33: Traditionelle christologische Modelle / Frühchristliche Bekenntnisse

Sachliche Hinweise

Die Geschichte der Entstehung und Entwicklung der Lehre von der Trinität und der Zweinaturen-Christologie findet sich übersichtlich dargestellt in *Handbuch der Dogmen- und Theologiegeschichte, Bd. 1*, S. 1-283. Dort wird auch der Text des Bekenntnisses von Chalkedon zitiert (S. 264f.):

»In der Nachfolge der heiligen Väter lehren wir also alle übereinstimmend, daß unser Herr Christus als ein und derselbe Sohn zu bekennen sei, derselbe vollkommen in der Gottheit, derselbe auch vollkommen in der Menschheit, derselbe wahrhaft Gott und wahrhaft Mensch aus Vernunftseele und Leib (ϑεὸν ἀληϑῶς ϰαὶ ἄνϑϱωπον ἀληϑῶς τὸν αὐτὸν ἐκ ψυχῆς λογιϰῆς ϰαὶ σώματος), mit dem Vater wesenseins der Gottheit nach und als derselbe mit uns wesenseins der Menschheit nach, in allem uns ähnlich, ausgenommen die Sünde, vor den Zeiten aus dem Vater geboren der Gottheit nach, am Ende der Tage aber als derselbe um unseret- und um unseres Heiles willen aus der Jungfrau Maria, der Gottesgebärerin (ϑεοτόϰος), geboren, der Menschheit nach, als ein und derselbe Christus, Sohn, eingeborener Herr, in zwei Naturen unvermischt, unverwandelt, ungetrennt, ungesondert erkennbar (ἐν δύο φύσεσιν ἀσυγχύτως ἀτϱέπτως ἀδιαιϱέτως ἀχωϱίστως γνωϱιζόμενον), wobei jedoch die Unterschiedenheit der Naturen um der Einung willen keineswegs aufgehoben wird, sondern die Eigentümlichkeit (ἰδιότης) einer jeden Natur gewahrt bleibt und sich zu einer Person (πϱόσωπον) und zu einer Hypostase verbindet, nicht als in zwei Personen geteilt oder getrennt, sondern als ein und derselbe eingeborene Sohn, Gott, Logos, der Herr Jesus Christus, wie vorzeiten die Propheten von ihm kündeten und (danach) er selbst, Jesus Christus, uns unterwies und das Symbol unserer Väter uns überliefert hat.«

A. v. Harnack urteilte darüber in seinem »Lehrbuch der Dogmengeschichte« wie folgt: »Die kahlen, negativen vier Bestimmungen (gemeint sind: unvermischt, unverwandelt, ungetrennt, ungesondert, R.M.), mit denen Alles gesagt sein soll, ... entbehren des warmen, concreten Gehaltes; sie machen aus der Brücke, die dem Gläubigen sein Glaube ist, ... eine Linie, die schmaler ist als das Haar, auf dem die Bekenner des Islam einst in das Paradies einzugehen hoffen.« (Bd. II, S. 397, zitiert bei A.M. Ritter, HDThG 1, S. 268). Harnacks Kritik ist von seinem Grundsatz her zu verstehen, den G. Hornig in HDThG 3, S. 211f. so charakterisiert: »Harnack erkannte, daß das Christentum nicht nur eine Angelegenheit des Gefühls oder des sittlichen Wollens und Handelns sei, sondern auch eine bestimmte Gottes- und Welterkenntnis beinhaltet, also eine ›denkende Religion‹ ist. Daher konnte es über den Kult und die Frömmigkeit hinaus zu einer theoretischen Durchdringung und Entfaltung des neutestamentlichen Lehrgehalts in Theologie und Dogmen kommen. Gleichwohl hat Harnack die Denkstruktur der altkirchlichen Theologie und den Aussagegehalt der altkirchlichen Dogmen wegen ihrer Abhängigkeit von der zeitgenössischen Philosophie äußerst kritisch beurteilt. Er bestreitet, daß sich der Aussagegehalt der kirchlichen Dogmen mit immanenter Folgerichtigkeit aus dem Neuen Testament ableiten läßt. Die diesbezügliche Behauptung der Kirchen habe sich durch die geschichtliche Forschung nicht bestätigt. Der teils aus spekulativem Trieb, teils zur Abwehr von Irrlehren erfolgende Prozeß der Dogmenbildung stelle daher eine Überlagerung und Verfremdung des schlichten Evangeliums dar. Die Verfremdung ist Folge der Anwendung einer ontologischen und metaphysischen Begrifflichkeit bei der Formulierung der christologischen und trinitarischen Dogmen, die man der griechischen Philosophie entnahm. Weil die angewandten griechischen und philosophischen Denkmittel unstreitig auf den Aussagegehalt der Dogmen eingewirkt haben, lautet Harnacks vielzitierte These: ›Das Dogma ist in seiner Conception und in seinem Ausbau ein Werk des griechischen Geistes auf dem Boden des Evangeliums.‹

Indem die kritische Dogmengeschichtsschreibung den Prozeß der Entstehung und Entwicklung des Dogmas darlegt, bietet sie nach Harnacks Urteil das geeignetste Mittel, um die Kirche von dem dogmatischen Christentum zu befreien. Aus Gründen der intellektuellen Redlichkeit ist die Dogmenkritik eine unvermeidliche Aufgabe.«

Wie hoch Harnacks Ansatz auch heute noch eingeschätzt wird, zeigt schließlich Hornigs Feststellung (a.a.O., S. 212):

»Bei aller sachlichen Kritik, die Harnacks Konzeption der Dogmengeschichte schon zu Lebzeiten (aber auch später) erfahren hat, muß sie wegen ihrer glänzenden Interpretation und souveränen Quellenbeherrschung zu den grundlegenden und bis heute unübertroffenen Forschungsleistungen gerechnet werden. Sie hat epochemachend gewirkt und nicht zuletzt durch die als Grundriß herausgegebene Kurzfassung der ›Dogmengeschichte‹ (1889, ^{6}1922) eine erhebliche Breitenwirkung erzielt. Es dürfte kaum eine Übertreibung sein, wenn man behauptet, daß die gesamte neuere protestantische Dogmengeschichtsschreibung bis auf unsere Gegenwart eine kritische Auseinandersetzung mit Harnacks Konzeption geblieben ist, ohne jedoch dessen Darstellung durch ein ebenbürtiges Werk ersetzt zu haben.«

Um eine Neubegründung einer »Christologie von oben« haben sich evangelische wie katholische Theologen bemüht, u.a. *K. Rahner, J. Moltmann, E. Jüngel* und *W. Kasper*. Sie liegen in ihren Aussagen oft ganz nahe beieinander. So meint z.B. der ehemalige Tübinger Dogmatiker und jetzige Bischof der Diözese Stuttgart-Rottenburg Walter Kasper (Christologische Schwerpunkte, S. 32ff.):

»Unsere Epoche ist nach den Worten des Zweiten Vatikanischen Konzils charakterisiert durch einen Übergang, der sich unter vielen Konflikten und Spannungen abspielt, von einer mehr statischen Sicht der Ordnung der Gesamtwirklichkeit zu einer mehr evolutiven, dynamischen und geschichtlichen Sicht. Geschichte bedeutet, daß die Wirklichkeit nicht ein vorgegebener heiliger Kosmos ist, sondern eine dem Menschen zur schöpferischen Gestaltung aufgegebene Größe.

Eine Christologie in geschichtlicher Perspektive ist eine personale Christologie. Damit ist nicht eine personalistisch verengte Christologie gemeint, vielmehr ist ein Personbegriff vorausgesetzt, der den ganzen Menschen nach Leib und Geist und den konkreten Menschen in seinen physiologischen, biologischen und soziologischen Bezügen meint. Das Wesen der Person aber besteht darin, daß sie sich dadurch selbst findet, daß sie sich an andere verliert und verschenkt. Person kommt durch geschichtliche Begegnung zu sich selbst. Person ist Relation, die sich in der Liebe erfüllt. Zu dieser Freiheit der Liebe kommt die Person nur, wenn sie Liebe von anderen erfährt. Nur wenn sie als Person von anderen angenommen wird, wird sie in ihre Freiheit eingesetzt. In der Geschichte erfährt die Person jedoch nicht nur ihre Ermöglichung, sondern auch ihre Bedrohung. Sie wird nicht nur in der Geschichte, sie vergeht auch in und mit der Geschichte. Ihr begegnet nicht nur Annahme, sondern auch Zurückweisung und Haß. Heil in der Geschichte ist nur möglich, wenn der Person in der Geschichte absolute Annahme, absolute Liebe begegnet, die stärker ist als der Tod. Dies ereignet sich in Jesus Christus, der sich in seinem Verhältnis zum Vater auf einmalige, absolute und endgültige Weise angenommen erfährt und diese Annahme durch seinen Geist weiterschenkt. Jesus Christus ist der neue Mensch, der uns das Menschsein neu erschließt und ermöglicht. Doch Jesus Christus erschließt uns nicht nur endgültig, was der Mensch ist, er erschließt uns auch eschatologisch-endgültig, wer Gott ist: Gott als sich selbst mitteilende Liebe. Dieses Gottesverständnis unterscheidet sich radikal von dem des Aristoteles, für den Gott der unbewegte Beweger ist, der von allen liebend erstrebt wird, der aber selbst nicht liebt. Der griechische Gott thront unbewegt und teilnahmslos über den Schrecken der Geschichte, er ist leidensunfähig. Der Gott Jesu Christi ist der Gott der Geschichte, er läßt sich bewegen vom Leiden seiner Kreatur, er entäußert sich selbst in die Geschichte hinein, geht ein ins Leiden und selbst ins Sterben. Gottes Sein ist im Werden (E. Jüngel). Diese These meint aber etwas ganz anderes als einen werdenden Gott. Ein werdender Gott, der sich erst in der Geschichte und durch die Geschichte verwirklicht, ist ein Ungedanke. Wird Werden als Ausdruck des Mangels und der Unerfülltheit verstanden, dann muß man sagen: Gott kann nicht werden. Aber es gibt noch ein anderes Werden, das nicht dem Mangel, sondern der Fülle entspringt, der Fülle des Lebens und der Liebe. So wird uns Gott in Jesus Christus erschlossen. Weil er unverlierbare Fülle des Lebens ist, kann er in die Geschichte hinein sich entäußern, selbst in den Tod eingehen und ebenso in paradoxer Gestalt seine Herrlichkeit offenbaren. Damit sprengt er die Bande des Todes auf. Seit Gott uns ganz gleich geworden ist, gibt es keine Situation mehr, die grundsätzlich gottlos und gottfern wäre. Weil Gott Überfülle des Lebens und der Liebe in sich ist, kann er Leben für uns und sich selbst mitteilende Liebe für uns sein.

Mit diesen Aussagen haben wir im Grunde erreicht, was wir der Sache nach meinen, wenn wir von Gott als Vater, Sohn und Geist sprechen.

Daß das trinitarische und christologische Bekenntnis auch politisch nicht folgenlos ist, wurde bereits in den christologischen Auseinandersetzungen des 4. und 5. Jahrhunderts deutlich. E. Peterson hat in dem bekannten Aufsatz ›Der Monotheismus als politisches Problem‹ eindrücklich darauf hingewiesen, daß der antike Monotheismus bzw. Monarchianismus zugleich auch ein politisches Programm beinhaltet hat: ›Ein Gott – ein Reich – ein Kaiser‹. Die christliche Trinitätslehre war deshalb nach Peterson ein Aufstand in der metaphysischen und in der politischen Ordnung. Sie hat das monolithische Einheitsdenken aufgesprengt und hat nicht von ungefähr immer wieder neue Auseinandersetzungen um die Freiheit der Kirche vom Staat, aber auch um die Freiheit des Staates von der Kirche, positiv formuliert: um eine freie Kirche in einem freien Staat, ausgelöst. Denn trinitarische Einheit ist Einheit in der Vielfalt und damit in der Freiheit. Diese Perspektive hat selbstverständlich auch für die Einheit der Kirche weitreichende Konsequenzen, Konsequenzen, die in der katholischen Kirche lange Zeit verkannt wurden und erst durch das letzte Konzil wieder mit Nachdruck zur Geltung gebracht worden sind. Die Einheit der Kirche kann im Sinn des Neuen Testaments und der alten Kirche nur eine communio-Einheit oder, wie man heute oft sagt: eine konziliare Einheit verschiedener Ortskirchen sein. So ergibt sich von der Christologie her auch ein Modell der Einheit, des Friedens und der Versöhnung der Menschen und Völker.«

Zur Interpretation der Ikone Otečestvo (S. 55):

Konrad Onasch schreibt über die Bedeutung der Ikone: »Die Ikone als Kunstwerk lebt von der Spannung zwischen Diesseits und Jenseits. Man nennt sie auch ›Fenster der Ewigkeit‹. Religiöse Wahrheiten, die im Jenseits ihre Wurzeln suchen, vergegenwärtigt sie mit den irdischen Hilfsmitteln des Malens: mit Form, Farbe und Licht. Als sinnliches Bild soll sie eine ›Verähnlichung‹ des Übersinnlichen, des Heiligen und des Göttlichen sein. Was sie sichtbar macht, ist zweckgebunden durch das christliche Dogma. Ihre Funktion erfüllt sie im Gottesdienst der orthodoxen Kirche. Da sie das von ihr Dargestellte repräsentiert, ist sie selbst Gegenstand der Verehrung ...« (Ikonen, Berlin 1961, S. 9).

Zur Ikone Otečestvo (Vaterschaft):

»Das Haupt des Menschen, nach mittelalterlicher Auffassung der Sitz des die niederen Triebe des Leibes beherrschenden Geistes, bestimmt meist die Proportionen stehender und sitzender Figuren. So ist auf dieser Ikone Gott-Vater in sitzender Weise nach der Maßeinheit des Hauptes dargestellt, welches sich auf diese Weise vervielfacht, d.h. als Modulus gebraucht wird. Die gesamte Körperlänge mißt neuneindrittel Moduli, der Rumpf drei, Ober- und Unterschenkel messen je zwei Moduli. Die Schädelhöhe, vom Haaransatz bis zum Scheitel, der Hals, das Knie und der Fuß, von der Sohle bis zum Knöchel, weisen je ein Drittel des Einheitsmaßes (gleich einer Nasenlänge) auf. ... Aus dem Gesagten wird klar, daß die ästhetischen Gesetze des alten orientalischen Repräsentationsbildes bereits modifiziert worden waren, so daß uns Heutige noch die Schönheit der Ikonen tief berührt...« (a.a.O., S. 33 f.).

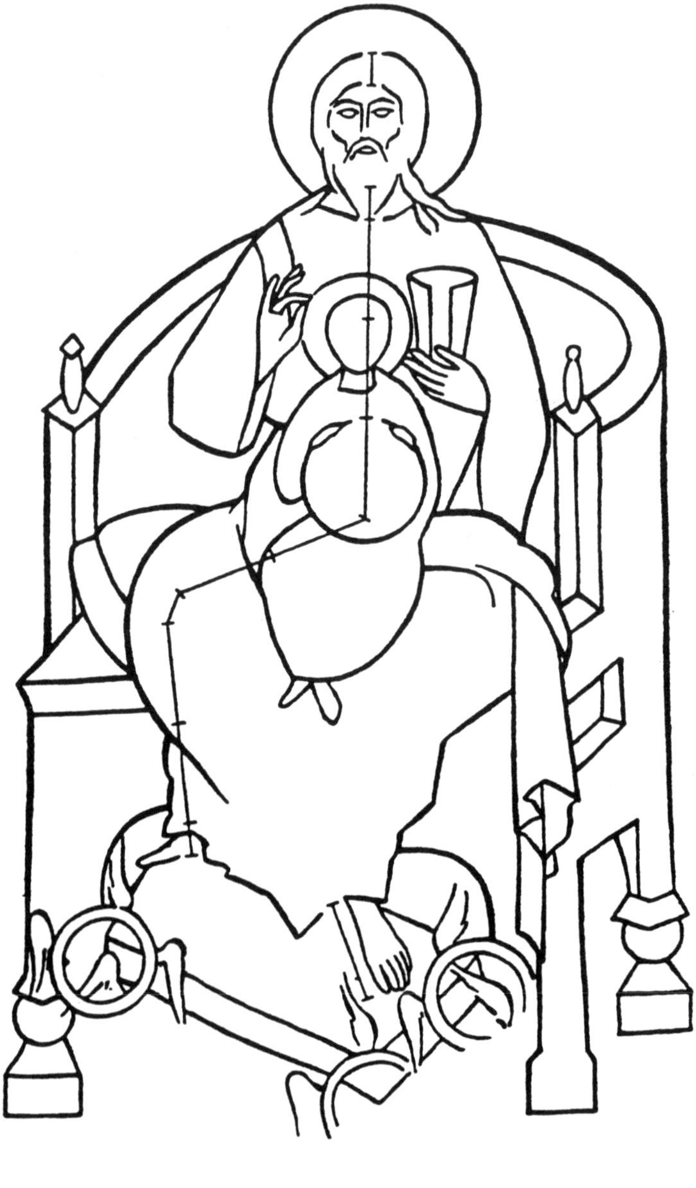

Otečestvo – Vaterschaft

113 x 88 cm; 14. Jh., Nowgoroder Schule; Staaliche Tret'jakov-Galerie, Moskau

»Die Ikonographie der Vaterschaft, nach der lateinischen Bezeichnung auch Paternitas genannt, ist eine Darstellung des christlichen Dogmas von der Trinität. Unsere Ikone ist die erste dieses Typs in Rußland überhaupt. Wir sehen auf einem Thron, dessen mächtige Rückenlehne die drei Personen weit umfaßt und damit ihre wesenhafte Einheit zum Ausdruck bringen soll, zunächst Gott-Vater auf einem roten und einem dunklen Kissen sitzen. In seiner Linken hält er eine Buchrolle. Der Heiligenschein auf den freien Flächen zwischen den Kreuzesarmen ist mit Ornamenten verziert. Auf dem schneeweißen, nur mit einem roten Streifen geschmückten Himation Gott-Vaters sitzt im roten Obergewand Gott-Sohn. Das Kreuz in seinem Heiligenschein ist mit roten Umrissen wiedergegeben. Gott-Sohn hält auf seinem Schoß eine Scheibe, deren Ringe von Weiß am Rande über Blau bis zu einem tiefen Dunkelblau im Zentrum farblich abgestuft sind. Aus der Mitte fliegt ganz in Weiß eine Taube, das Symbol des Heiligen Geistes. Nach Daniel 7,9 tragen vier brennende Räder den ›Stuhl des Alten der Tage‹. Auf der Rückenlehne des Thrones sitzen zwei ›Sechsflügelige‹ (russ. Šestorkryli), die Seraphim von Jesaja 6,2. Links und rechts am Throne hat der Maler zwei Säulensteher dargestellt. Rechts unten steht wahrscheinlich der Namenspatron des Stifters der Ikone.

Wie bei so vielen Nowgoroder Ikonen, finden wir auch auf dieser eine Harmonie von gedanklicher Vorstellung, Durcharbeitung der Konzeption und Anwendung der ihnen entsprechenden Farbwerte. Dem machtvollen Rot, das hier das farbige Symbol für die Einheit in der Dreiheit der göttlichen Personen ist, stehen Blaugrau, Braun, Grün und Gelb gegenüber. Die Farben sind also auf den Komplementäreffekt abgestimmt, wobei sie in diesen Grenzen mit Ausnahme des Rot einige Abstufungen erhalten haben. ...
Schon bei Johannes 1,18 steht, daß der eingeborene Sohn im Schoße des Vaters sitze. Johannes von Damaskus (geb. um 675, gest. um 749), von Geburt Syrer, hat in seiner Schrift ›Über den orthodoxen Glauben‹ ausgeführt, daß der Sohn aus dem Vater gezeugt sei. Die Erscheinungsweise des Geistes bezeichnet er mit ›Herauswerfen‹ oder ›Herausspringen‹. Dieses ›Herauswerfen‹ oder ›Herausspringen‹ des Geistes als Taube wird gerade auf den Vaterschaftsbildern deutlich gezeigt. Von Johannes gibt es ferner einen Pfingsthymnus, in dem dieses Thema nochmals ausführlich entfaltet wird. Genaue Kenntnis orientalischer und besonders syrischer Frömmigkeit zeigen auch die beiden Säulensteher. Sie wurden in Syrien den Erzengeln gleichgesetzt und bewachen mit ihnen den Thron des dreieinigen Gottes.«

Konrad Onasch, a.a.O., S. 356.

Didaktische Hinweise

finden sich im Materialheft, S. 53 unten und S. 55 unten.

Literatur

Grundlegend:

C. Andresen u.a., Handbuch der Dogmen- und Theologiegeschichte, Bd. 1, 3, Göttingen 1982, 1984.

W. Kasper, Christologische Schwerpunkte, Düsseldorf 1980.

J. Moltmann, Trinität und Reich Gottes. Zur Gotteslehre, München 1980.

Zur Ikone / Orthodoxie:
K. Onasch, Kunst und Liturgie der Ostkirche in Stichworten, Wien u.a. 1981.
G. Spitzing, Lexikon byzantinisch-christlicher Symbole, München 1989.
entwurf 1/85, S. 38ff. (religionspädagogische Einführung).

Zur Diskussion der jungfräulichen Geburt Jesu:
H. Küng, Credo. Das Apostolische Glaubensbekenntnis – Zeitgenossen erklärt, München/Zürich 1992, S. 51ff.